Bereits in dieser Reihe erschienen:
3-5-8-Minutengeschichten für kleine Abenteurer
3-5-8-Minutengeschichten für Feen und Prinzessinnen
3-5-8-Minutengeschichten zum Kuscheln und Träumen
3-5-8-Minutengeschichten zum Lachen und Kichern
3-5-8-Minutengeschichten zur guten Nacht
3-5-8-Minutengeschichten zu Weihnachten

Originalausgabe
© 2017 Dressler Verlag GmbH, Poppenbütteler Chaussee 53, 22397 Hamburg
ellermann im Dressler Verlag GmbH · Hamburg
Alle Rechte vorbehalten
Einband und farbige Illustrationen von Barbara Korthues
Satz: Sabine Conrad, Bad Nauheim
Druck und Bindung: Livonia Print SIA, Ventspils iela 50, LV-1002, Riga, Lettland
Printed 2017
ISBN 978-3-7707-3951-6

www.ellermann.de

Sandra Grimm · Barbara Korthues

Drei~Fünf~Acht Minutengeschichten für Piraten und Ritter

3+ Gri

ellermann im Dressler Verlag GmbH · Hamburg

Inhalt

3-Minuten-Geschichten

Knallende Kanonennüsse 10

Schicke Rüstung! 14

Ei, was ist denn das für ein Schatz? 18

Minimus und die Mini-Angst 22

Zimpordokackel 26

Genau ins Schwarze! 30

Ein ganz besonderer Schatz 34

Wieso der kleine Ritter nicht einschlafen konnte 38

Die kleine Nixe 42

5-Minuten-Geschichten

Ein grünes Monster   48
Roastbeef und Remoulade   54
Der dreimal dusselige Hilfs-Pirat   60
Ritter Anton reitet davon   66
Die kleinste Piratin der Weltmeere   72
Köstlicher Knappen-Kuchen   78
Mmh, lecker Erbsensuppe!   84

8-Minuten-Geschichten

Das Märchen vom edlen Ritter   92
Das geheimnisvolle Königsschiff   102
Marie, die erste Rittersfrau   112
Die Legende vom goldenen Schiff   121
Michel und die Gespensterrettung   130

3-Minuten-Geschichten

Knallende Kanonennüsse 10
Schicke Rüstung! 14
Ei, was ist denn das für ein Schatz? 18
Minimus und die Mini-Angst 22
Zimpordokackel 26
Genau ins Schwarze! 30
Ein ganz besonderer Schatz 34
Wieso der kleine Ritter nicht einschlafen konnte 38
Die kleine Nixe 42

3 Minuten

Knallende Kanonennüsse

Mitten auf dem Ozean, zwischen meterhohen Wellen, schaukelte ein großes Piratenschiff vor sich hin. Es war stolz und mächtig, die Wellen konnten ihm nichts anhaben. Seine Piraten waren furchtlos und gefürchtet, auch ihnen konnte der Sturm keine Angst machen.

Nach vielen, vielen Stunden verzogen sich endlich die dunklen Wolken, und die Sonne schien auf das Piratenschiff, als hätte es nie ein Unwetter gegeben.

»Männer, seht nach den Sturmschäden«, rief Kapitän Kümmel gelangweilt. So ein Sturm konnte ihn wahrlich nicht aus der Ruhe bringen. Er hatte eher große Lust, mal wieder ein Schiff auszurauben. Schließlich war ihr letzter Angriff schon vorgestern gewesen, eine Ewigkeit her!

Plötzlich kamen Jupp und Sepp angerannt. »Käpt'n!, Käpt'n!«, riefen sie aufgeregt.

Der Kapitän sah auf. »Was ist?«

Doch die beiden Piraten redeten wild durcheinander. Der Kapitän konnte nur »Ein Schiff!« und »Keine Kanonenkugeln!« verstehen.

Kapitän Kümmel kratzte sich am Kopf. »Was soll das heißen, wir haben keine Kugeln?«, fragte er Jupp. Der zuckte mit den Schultern und antwortete: »Die Kugeln waren nicht gesichert und sind beim Sturm gegen die Wand gerollt. Dabei haben sie ein Loch in den Rumpf geschlagen! Das Loch haben wir dicht gemacht. Aber die Kugeln sind weg.«

Der Kapitän überlegte kurz. Dann grinste er und sagte: »Fein. Dann ladet die Kanonen mit Kokosnüssen und Melonen aus unserer Vorratskammer.«

»Ko-Ko-Kokosnüsse und Me-Melonen?«, fragte Sepp verdattert. »Die Gegner werden uns zerschmettern!«

Kapitän Kümmel schüttelte den Kopf. »Nee. Ich hab einen Plan.«

Also taten sie, was der Kapitän sagte. Das macht man eben so als Pirat.

Die Piraten segelten nah an das fremde Schiff heran, aber nur gerade so weit, dass die feindlichen Kanonenkugeln sie nicht treffen konnten. Kapitän Kümmel gab den Befehl zum Kokosnuss-Schuss.

»Jetzt schon?«, brüllte Jupp von unten herauf. »Wir sind nicht nah genug!«

»Genau«, brummte Kümmel und grinste wieder. »Sie werden uns für harmlos halten.«
Also schossen seine Piraten mit Kokosnüssen und Melonen, die allesamt vor dem Feindesschiff im Wasser landeten.
Kurz darauf war das fremde Schiff dicht bei ihnen. Sie hörten den Kapitän rufen: »Hey, ihr Witz-Piraten! Ihr habt nur noch Melonen für den Angriff? Nur her damit, wir brauchen immer Proviant!« Er lachte höhnisch.
»Tja, euer Gold werdet ihr uns trotzdem geben«, rief Kapitän Kümmel zurück.
»Warum?«, brüllte der andere lachend. »Weil ihr sonst mit Knallerbsen auf uns schießt?«
»Nee«, rief Kümmel. »In unseren Pistolen ist echtes Blei!«

Zum Beweis schoss er ein Loch in das Hauptsegel der Gegner. Und das war zugleich das Zeichen für den Angriff.
Die fremden Seeleute erblassten. Die Piraten enterten ihr Schiff im Nullkommanix. Zum Abschied warf Kapitän Kümmel ihnen die letzte Kokosnuss hinüber. »Danke schön und allzeit gute Fahrt!«, grölte Kümmel.
Jupp klopfte ihm auf die Schulter. »Alle Achtung, Käpt'n, das war Ihr bester Plan.«
Kapitän Kümmel nickte. »Jetzt haben wir nur noch ein Problem«, meinte er.
»Welches?«, fragte Jupp erstaunt.
»Ich hab so einen Hunger auf Kokosnüsse!«, jammerte der Kapitän.
Und weil er ein fieser Piratenkapitän war, musste Jupp ein Netz auswerfen und nach den schwimmenden Kanonenkugeln angeln. Jaja, das Piratenleben kann ganz schön hart sein!

3 Minuten

3 Minuten

Schicke Rüstung!

Mitten in den weiten grünen Wäldern des Königreichs fand das alljährliche Ritterturnier statt. Für dieses Jahr hatte sich der König etwas ganz Besonderes ausgedacht: Anstelle zweier Ritter sollten dieses Mal drei Ritter gegeneinander kämpfen. Der Sieger bekam eine goldene Rüstung.

Ritter Rufus war auch zum Turnier geladen. Allerdings war Rufus sehr klein. Die Ritter, gegen die er antreten sollte, waren groß und stämmig. Sie lachten ihn aus.

»Ritter Rufus, der Winzling?«, grölte Cesario. »Den kann ich ja vom Pferd pusten!«

Auch Mario spottete: »Er hat immer diese alte Rüstung an. Sie glänzt schon gar nicht mehr, und überhaupt – wer hat ihm die geschmiedet, sein Opa? In so einer unmodernen Rüstung kann er niemals gewinnen!«

Ritter Rufus sattelte ruhig sein Pferd. Seine Rüstung hatte tatsächlich sein eigener Opa vor vielen Jahrzehnten geschmiedet – damals noch für sich selbst. Sie war schon etwas stumpf und hatte weder Verzierungen noch schillernde Plättchen. Aber sie passte ihm und zwickte nicht.

Rufus erste Gegner waren Mario und Cesario. Als er mit ihnen im Kreis ritt, johlten die Zuschauer und gaben rasch Wetten auf die großen Ritter ab. Keiner glaubte, dass Rufus die beiden anderen vom Pferd stoßen könnte.

Doch Rufus hatte einen Plan. »Wer von euch beiden braucht

denn die goldene Rüstung? Eure eigenen sind doch so prächtig!«, sagte er.

Cesario nickte sogleich. »Ja, ich bin wirklich der stolzeste Ritter hier.«

Da drehte Mario den Kopf. »Du? Meine Rüstung ist von Stolz & Edel, die ist sogar besser als die Rüstung des Königs.«

Das konnte sich Cesario nicht gefallen lassen. Ruckartig wendete er sein Pferd in Marios Richtung. Leider war er in seiner pompösen Rüstung zu schwerfällig und plumpste in den Sand. Sein Pferd galoppierte wiehernd davon. Die Zuschauer lachten. Mario auch.

Cesario funkelte Mario böse an. »Komm runter von deinem hohen Ross«, schrie er, »und kämpfe Mann gegen Mann! Wenn deine Rüstung so toll ist, wirst du ja wohl gewinnen.«

3 Minuten

»Und ob!«, brüllte Mario. Er wollte schwungvoll von seinem Pferd springen, jedoch war auch er in dem eisernen Korsett so unbeweglich, dass er zu Boden fiel. Gleich stürzte Cesario sich auf ihn. »Deine Rüstung ist wohl eher von Blech & Blöd – uncool und hässlich!«, rief er und zog an Marios Schulterschutz.

»Und deine Rüstung ist von Schrott & Schäbig!«, keifte Mario zurück und zerrte an Cesarios Brustharnisch.

Es dauerte nicht lange, da waren die beiden Ritter unter dem Gelächter der Zuschauer so arg ineinander verkeilt, dass sie nicht mehr auseinanderkriechen konnten.

Mit würdigen Schritten lief Ritter Rufus zu ihnen und hielt ihnen die Hände entgegen.

»Ich helfe euch auf – wie es die ritterliche Ehre verlangt.« Er zog die beiden auf die Beine, aber verkeilt

waren sie immer noch. Nun wankten sie wie ein großes Blechmonster auf die Königstribüne zu.

»Wir brauchen ein neues Turnier«, verlangten sie.

Doch der König schüttelte den Kopf. »Was ihr braucht, sind Bescheidenheit und einfache Rüstungen. Gewonnen hat eindeutig Ritter Rufus – durch seine gewitzte Art. Verehrter Rufus, es wäre mir eine Ehre, wenn Ihr mich demnächst im Schloss beraten würdet.«

Ritter Rufus verbeugte sich dankbar. »Jederzeit gern, Euer Hoheit«, sprach er, sprang leichtfüßig und ohne jede Hilfe auf sein Pferd und ritt heim. Die goldene Rüstung nahm er nicht mit – seine eigene brachte ihm doch viel mehr Glück!

3 Minuten

Ei, was ist denn das für ein Schatz?

Mitten am Strand einer wunderschönen Südseeinsel blinzelte Piratin Paula zufrieden in die Sonne. Endlich waren Piratenferien. Wohlig seufzend legte sich Paula auf ihr Handtuch. Weit draußen auf dem Meer lag das Piratenschiff ihrer Eltern vor Anker. Die hielten gar nichts von Ferien, und daher hatten sie Paula auch nur widerwillig auf der unbewohnten Südseeinsel zurückgelassen. Paula wusste genau, dass ihre Eltern sie die ganze Zeit durch ein Fernrohr beobachten würden. Darum buddelte sie immer mal wieder Löcher in den Sand, denn sie hatte versprechen müssen, nach Schätzen zu suchen. So, wie es sich für eine echte Piratin eben gehörte. Aber natürlich fand sie nichts.

Doch als sie mittags wieder ein Loch grub, stieß sie plötzlich auf etwas Hartes. Mit den Händen schaufelte Paula den Sand weg – und grub ein Ei aus! Ein hellblaues Ei mit dunkelblauen Punkten. Es war so groß wie eine Melone und schön warm. Paula hob es aus dem Loch. In diesem Augenblick knackte es, und die Eischale sprang auf.

In dem Ei saß ein kleines blaues Tier. Es hatte vier Füße, einen Schwanz, blaue Schuppen und am Hals vier Tentakel.
»Plupp?«, machte das Tier.
Paula lächelte zaghaft. »Plupp? Ich weiß nicht, was das heißen soll. Was bist du denn, ein Krokodil?«
Obwohl sie doch genau wusste, dass Krokodile nun wirklich anders aussehen.
»Plupp!«, machte das kleine Ding wieder und hüpfte auf Paula zu.
Paula war es ein wenig mulmig – hoffentlich biss das Tier nicht! Aber es schmiegte nur seine Wange in Paulas Hand und brummelte zufrieden. Dann schaute es wieder auf, legte den Kopf schief und machte: »Plupp?«
Paula schüttelte bedauernd den Kopf. »Nein, ich bin nicht deine Mama. Schau, ich sehe doch ganz anders aus als du. Ich glaube, du bist ein kleines Seeungeheuer.«
Das Tierchen verstand Paulas Worte sicher nicht, aber es schien zu begreifen, was sie meinte. Traurig sah es erst Paulas Arme an und dann seine eigenen.
»Plupp!«, machte es betrübt.
Und dann machte es noch ein Geräusch – doch das kam aus dem Bauch des kleinen Seeungeheuers.
»Oh, du hast Hunger!«, sagte Paula. Sie überlegte. »Was frisst so ein Seeungeheuer wohl – vielleicht Fisch?«
Leider hatte Paula keinen Fisch. Sie fand in ihrer Tasche nur ein Käsebrot, und das war sicher nicht gut für einen kleinen

3 Minuten

Seeungeheuer-Magen. Sie sah sich um und entdeckte einen Haufen Seetang, der am Strand lag. Rasch lief sie los und holte ein paar Streifen. Sie legte sie vor das Seeungeheuer. »Magst du das?«

»Plupp«, rief es erfreut und schlürfte den Seetang ein. Es schmatzte und rülpste so sehr, dass Paula lachen musste.

Auf einmal wurde es kalt. Eine Wolke schien vor die Sonne gezogen zu sein, denn Paula und das kleine Ungeheuer saßen jetzt im Schatten. Paula drehte sich zum Meer um und erschrak. Nicht Wolken verdeckten die Sonne, sondern der Kopf eines sehr, äh… sehr, sehr großen Seeungeheuers.

»Pluuuuup!«, dröhnte es.

Paula klopfte das Herz, aber sie blieb ruhig. »Das ist sicher deine Mama, was, mein kleiner Freund?«, sagte sie. Sanft schob sie das Baby ein Stück vor.

»Plupp«, sagte das kleine blaue Ding, und es klang ein bisschen wie »Tschüs«.
Da senkte die Seeungeheuer-Mama einen Tentakel und nahm ihr Baby in den Arm. Sie nickte Paula mit dem Kopf zu, brummte noch einmal und verschwand im Meer.
Paula sah ihnen eine Weile nach.
Dann griff sie nach ihrer Schaufel und buddelte weiter. Wer wusste schon, welche Schätze sie als Nächstes finden würde …

3 Minuten

3 Minuten

Minimus und die Mini-Angst

Mitten im schönsten Stühlescharren des Morgenkreises hob Erzieherin Madlen ihren Zeigefinger an die Lippen. »Psst, liebe Ritter-Fans«, sagte sie. »Heute will ich euch erklären, wie die erste Ritterrüstung erfunden wurde.«
Die Kinder kicherten. Wenn Madlen eine Geschichte erzählte, wurde es meistens lustig. Und so begann sie:

Es war im Jahre 999, als Ritter Minimus mitten in der Nacht durch seine Burg wanderte. Er hatte schrecklichen Hunger. Normalerweise brachte sein Diener ihm, was er wünschte, aber der war heute krank. Also tappte Ritter Minimus mit nackten Füßen durch die Flure.
Endlich erreichte er die große Burgküche und schlich sich in den Vorratsraum. Gerade als er nach einer leckeren Wurst greifen wollte, huschte etwas Pelziges über seine Füße.
»Aaaah!«, kreischte Minimus und sprang auf einen Hocker. Als er sich umblickte, entdeckte er unterm Regal eine kleine

Maus. Sie war nur eine Handbreit entfernt und schaute ihn mit ihren schwarzen Knopfaugen neugierig an. Ritter Minimus wollte schreien, doch er hatte Angst, dass die Maus dann in seinen Mund springen könnte. Das war natürlich Quatsch, aber Ritter Minimus hatte nun mal fürchterlich wahnwitzige Angst vor Mäusen.

3 Minuten

Nach einer Weile huschte die Maus davon, und sofort brüllte Ritter Minimus aus Leibeskräften los: »ZU HILFE!« Bald darauf kamen seine Bediensteten ganz verschlafen zur Vorratskammer.

»Wer ist da?«, fragte die Köchin. »Ein Dieb?«

»Nein«, murrte der Diener. »Nur ein Hase.«

»Wieso ein Hase?«, fragte der Knecht.

»Na, ein Angsthase«, murmelte der Diener leise.

Aber Ritter Minimus hatte es gehört. »Du Ungehöriger! Für dich und dieses Land habe ich in großen Schlachten gekämpft. Du wagst es, mich Angsthase zu nennen?«, schrie er.

Die Köchin grinste. »Nein, Herr Ritter. Er hat doch nur Ast-Hase gesagt«, schwindelte sie.

»Ast-Hase?«, fragte Minimus verwirrt. »Was ist denn ein Ast-Hase?«

»Na …«, die Köchin überlegte kurz. »Ein Hase, der gut auf Ästen hocken kann. Wie Ihr auf dem Hocker.«

Minimus stieg hoch erhobenen Hauptes

vom Hocker. Während er in seine Kammer ging, hörte er ganz deutlich Gekicher.

Die ganze Nacht lag er wach und grübelte. Niemand sollte ihn mehr auslachen!

Am nächsten Tag lief er gleich in die Schmiede. Er hatte eine Idee.

»Guten Morgen, Schmied«, rief er fröhlich. »Ich habe eine dringende Aufgabe für dich. Schmiede mir ein Kleidungsstück, das mich überall umhüllt. Auch den Kopf, sodass mir nicht einmal eine Maus… äh, Mücke hineinfliegen könnte. Natürlich alles aus gutem Metall, damit auch ja kein Mäusebiss… äh, kein Schwerthieb hindurchgelangen kann. Hörst du?«

Der Schmied nickte. Und er lachte ein ganz klein bisschen. Denn er hatte schon von der nächtlichen Wanderung des Ritters gehört.
Von nun an lief Ritter Minimus nur noch mit seiner Rüstung bekleidet durch die Burg. Er fühlte sich sehr sicher vor allen Mäusen und Gefahren und wurde so berühmt, dass wir heute noch von ihm hören. Ende.

Damit war die Geschichte vorbei. Erzieherin Madlen verbeugte sich. Die Kinder klatschten.
»Hat euch die Geschichte gefallen?«, fragte Madlen.
»Ja«, rief Jana. »Aber sie ist totaler Quatsch. Die Ritter hatten doch zuerst nur Kettenhemden und einzelne Rüstungsteile. Erst später gab es Rüstungen für den ganzen Körper.«
Madlen grinste. »Ich wusste schon, dass ihr zu schlau für meine Quatschgeschichte seid. Aber vielleicht habt ihr Lust, ein Bild von Ritter Minimus und der Maus zu malen?«
Natürlich hatten sie das – und du vielleicht auch?

3 Minuten

Zimpordokackel

Mitten zwischen allen anderen Kindern tobt Kuno durch die Piratengruppe seines Kindergartens. Das ist die beste Gruppe, findet er, denn Kuno liebt Piraten. Er weiß inzwischen alles über Piraten und hat gebaut, was Piraten bauen, und alles getan, was Piraten tun.

»Nur eins fehlt noch«, flüstert er seiner Freundin Mina kurz darauf beim Frühstück ins Ohr.

»Was denn?«, fragt Mina neugierig.

»Fluchen«, antwortet Kuno.

Mina kichert. »Verdammt«, sagt sie. Ganz, ganz leise. Aber Erzieherin Jutta hat es trotzdem gehört.

»Keine Schimpfwörter, bitte«, sagt sie.

Kuno erklärt ihr das mit dem Fluchen. Das muss man doch üben, als Pirat!

Jutta überlegt. Dann sieht sie es ein. Aber sie möchte ein paar Regeln, so was brauchen Erwachsene immer. »Also hört zu«, sagt sie. »Die Regeln sind: Keine von den schlimmen Schimpfwörtern. Und ihr müsst euch neue, lustige Piratenschimpfwörter ausdenken.«

»Fängst du dann an, Jutta?«, fragt Mina die Erzieherin.

Doch Jutta schüttelt den Kopf. »Ich mach nicht mit«, erklärt sie.
»Warum nicht?«, fragt Kuno. Es ist doch toll, mal schimpfen zu dürfen!
»Erwachsene machen so was nicht«, sagt Jutta.
Aber die Kinder fluchen drauflos.
»Beim Klabautermann!«, flucht Kuno.
»Du einäugiger Piratendoofi!«, sagt Ole.
»Halt doch deine Augenklappe!«, schimpft Emma.
Und Basti brüllt: »Papageienmist!«
Plötzlich springt Mina auf. »Der Wassermanndreizack soll dich piken!«, ruft sie.
Kuno staunt. Das war aber ein schwieriges Wort! Und dann fällt ihm selbst etwas Tolles ein. »Zimpordokackel!«, brüllt er.
Jutta hebt die Augenbrauen. »Keine schlimmen Flüche«, sagt sie.
»Das ist doch ein ausgedachtes Wort«, sagt Kuno grinsend.

Das stimmt. Aber irgendwie klingt es ganz schön frech. Und genau deshalb wollen es jetzt alle Piratenkinder sagen. »Zimpordokackel! Zimpordokackel!«, schreien sie.
Jutta seufzt. Sie geht mit den Piratenkindern nach draußen, um sie abzulenken.

Also spielen sie Ballfangen. Aber die Kinder rufen stets »Zimpordokackel!«, wenn sie den Ball erwischen.

Irgendwann hat Jutta genug. »Jetzt reicht es mir aber. Wer jetzt noch einmal Zimpordokackel sagt, muss morgen für alle das Frühstück vorbereiten.«

Oje, das hört sich aber schwierig an… Die Kinder sagen ihr neues Lieblingswort erst mal nicht mehr.

Kurz darauf landet der Ball oben im alten Baum. Er hängt zwischen den Zweigen fest. Jutta muss ein Stück den Stamm hochklettern. Sie hält sich an einem Ast fest und beugt sich weit vor, um den Ball loszustupsen. Der Ball fällt in den Sand – und Jutta hinterher.

»ZIMPORDOKACKEL!«, flucht Jutta.

Die Kinder reißen erschrocken die Augen auf. Dann kichern sie los. Und nun muss auch Jutta lachen. Sie lacht so sehr, dass sie gar nicht mehr aufstehen kann. Kuno und Mina müssen ihr helfen.

»Ach«, japst Jutta, »das ist aber wirklich ein gutes Wort. Da fliegt der Ärger gleich mit aus dem Mund.«
Kuno grinst. »Frühstück musst du trotzdem machen«, findet er.
Jutta nickt. »Na klar.«
Am nächsten Morgen gibt es das beste Piratenfrühstück aller Zeiten. Jutta hat sich viel Mühe gegeben: Auf dem Tisch stehen kleine Schokokuchen-Schatztruhen, Bananen-Taler, Piratenbrötchen, Käse-Goldbarren und Apfelschiffchen. Alle Kinder futtern, was das Zeug hält. Und dann stellen sie eine neue Regel auf: Wer durch die Tür in die Piratengruppe kommen möchte, muss ab heute ganz laut ein Passwort rufen:
ZIMPORDOKACKEL!

3 Minuten

Genau ins Schwarze!

Mitten zwischen den dunklen Tannen des Burgwaldes übten Maja und Henri Bogenschießen. Maja war wütend. Henri war jedes Mal besser als sie. Dabei übte sie immer und überall. Aber sosehr sie sich auch anstrengte, irgendwie klappte es nicht so ganz. Sie zielte und hielt still – doch im letzten Moment schienen ihre Finger durcheinanderzukommen, und der Pfeil schoss ein winziges Stück höher

oder tiefer davon. Gerade so viel, dass sie kein einziges Mal die Mitte der Zielscheibe traf.

»Ich werd noch verrückt«, stöhnte sie.

Henri lachte. »Ach, macht doch nichts. Dafür bist du gut im Nähen. Jungs schießen einfach besser!«

»Blödmann!«, sagte Maja nur. Fürs Nähen brauchte man genauso geschickte Finger wie fürs Bogenschießen. Sie wusste keinen Grund, warum Mädchenfinger das besser können sollten.

»Zeig mal deine Finger«, forderte sie Henri auf.

Henri hielt ihr grinsend die Hand hin. »Willst du ein bisschen von meinem Geschick abgucken?«, fragte er.

Aber Maja betrachtete nur stumm ihre und Henris Hände. Sie konnte kaum Unterschiede erkennen.

»Das ist doch nicht zu verstehen«, seufzte sie. Doch da hatte sie eine Idee.

»Pass auf«, sagte sie zu Henri. »Wir machen einen Nähwettbewerb. Du übst ein paar Tage Sticken. Wenn deine Stickerei besser ist als meine, bist du mit den Fingern einfach geschickter als ich. Aber wenn du schlechter stickst, können Mädchen das vielleicht wirklich besser.«

»Und Jungen besser schießen«, ergänzte Henri.

»Ja, ja«, brummte Maja. »Aber du darfst nicht mogeln und musst dich wirklich anstrengen beim Sticken. Ritterschwur!«, forderte sie.

Henri nickte. Das war ja wohl Ehrensache.

Also ließ er sich von Maja zeigen, wie man stickte, und übte

3 Minuten

die nächsten Tage. Es machte ihm viel Spaß, und bald stickte er sogar das Wappen der Burg auf ein Tuch. »Das binde ich mir um den Hals«, sagte er stolz.

Maja nähte das Wappen ebenfalls und musste feststellen, dass es genauso hübsch aussah wie das von Henri. Sie waren gleich gut im Sticken.

»Dann verstehe ich das mit den Pfeilen aber nicht«, sagte sie.

Da hob ihre Mutter, die mit ihnen am Feuer stickte, den Kopf. »Was verstehst du nicht?«, fragte sie.

Maja erzählte von dem Bogenschießen. Ihre Mutter überlegte und schaute Maja und Henri eine Weile beim Sticken zu. Plötzlich lächelte sie.

»Maja, zeig mir mal, wie du den Bogen und den Pfeil hältst.«

Maja stand auf und hob die Arme, als hätte sie Pfeil und Bogen in den Händen.

»Du spannst also mit der rechten Hand den Pfeil ein?«, fragte ihre Mutter.

Maja nickte. »Ja, genau. Henri macht das auch immer so«, sagte sie.

»Und mit welcher Hand stickst du?«, wollte ihre Mutter wissen.

Maja hob die linke Hand. »Mit dieser. Mit der esse und trinke ich auch oder spiele Würfel.«

Da verstand sie plötzlich, was ihre Mutter sagen wollte. Sie war doch Linkshänderin! Sie machte sonst alles mit links – nur das Bogenschießen hatte sie genauso versucht, wie

Henri es ihr gezeigt hatte. Und der machte eben alles mit rechts!

»Komm«, rief sie aufgeregt und zog Henri mit sich.

Als sie diesmal zwischen den dunklen Tannen auf ihre Zielscheibe schossen, traf Maja gleich beim zweiten Mal voll ins Schwarze.

Henri grinste. »Sieht so aus, als ob du doch ziemlich gut im Bogenschießen bist«, meinte er.

»Na klar«, sagte Maja selbstbewusst. Und forderte Henri gleich noch einmal heraus.

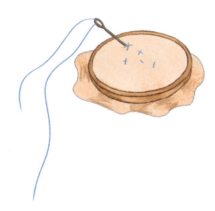

3 Minuten

Ein ganz besonderer Schatz

Mitten auf einer kleinen Insel im großen Ozean stand eine Mannschaft von Piraten im Sand und bibberte vor Angst.

»Der ist zu groß. Ich kämpfe nicht mit ihm!«, sagte der dicke Otto. Dabei war er sonst immer der Furchtloseste unter den Piraten!

»Nee, gegen einen, der viermal mehr Arme hat als ich, muss ich ja verlieren. Ohne mich«, brummte der lange Jan.

Kapitänin Creola seufzte. »Ja, ich weiß, der Krake im See ist groß«, sagte sie. »Aber laut unserer Karte sitzt er direkt auf einer prächtigen Schatzkiste. Außerdem sind wir zwölf Piraten, und er hat nur acht Arme. Da müssten wir doch gewinnen, oder nicht?«

Die anderen Piraten sahen Creola skeptisch an. Der Krake war riesig.

»Tata lieb!«, quietschte Creolinchen, die kleine Tochter der Kapitänin.

»Nix lieb«, fauchte der dicke Otto. »Tata Hunger«, sagte er und zeigte auf den Kraken.

»Ey, mach ihr keine Angst«, zischte Creola.

Der dicke Otto zuckte mit den Schultern. »Creolinchen

hat doch eh vor nix Angst. Sie ist ja schon jetzt eine ganze Piratin.«

Die anderen lachten laut. Das stimmte. Das kleine Piratenbaby hatte wirklich vor gar nichts Angst. Jetzt krabbelte es sogar auf das riesige Krakentier zu.

»Hiergeblieben«, sagte Kapitänin Creola und zog Creolinchen an der Windel zurück.

Oje. Nun hatte der Krake die Piraten entdeckt. Mit böse dreinblickenden Augen schaute er in ihre Richtung. Seine Fangarme tasteten sich langsam Richtung Ufer vor.

»Hoffentlich steigt der Krake nicht aus dem See!«, quiekte der lange Jan.

Der dicke Otto stieß ihn an. »Nun mach dir mal nicht ins Hemd. Sonst brauchst du noch eine von Creolinchens Windeln.«

Die anderen lachten wieder. Da fauchte der Krake und spritzte Wasser in ihre Richtung. Ängstlich traten alle

3 Minuten

Piraten ein paar Schritte zurück. Im Kreis beugten sie sich vor und tuschelten. Wie könnten sie nur an den Schatz kommen?

Dabei achteten sie gar nicht auf Creolinchen! Die kroch nämlich schon wieder langsam auf den Riesenkraken zu. Der sah das kleine Piratenmädchen neugierig an.

»Tata!«, gluckste Creolinchen.

Der Krake stupste ihr sanft mit einem Tentakel auf den Kopf. Creolinchen kicherte. Der Krake lächelte. Doch da kullerte eine Träne über seine mächtige Wange.

»Tata danz alleine?«, brabbelte Creolinchen.

Der Krake seufzte so tief, dass das Wasser auf dem See sich kräuselte.

Creolinchen zögerte kurz, dann hob sie ihren kleinen braunen Teddy hoch. »Teddy für Tata!«, sagte sie entschlossen. Der Krake griff vorsichtig nach dem Teddy und drückte ihn an seine Wange. Er lächelte.

Behutsam strich er mit einem Tentakel über Creolinchens Haare. Mit zwei anderen Fangarmen griff er unter sich in den See und schob eine große, schwere Schatztruhe an Land. Dafür steckte er den kleinen Teddy unter seinen Bauch und grunzte zufrieden.

Creolinchen lachte und krabbelte zurück zu den Piraten. Die hatten inzwischen gemerkt, dass ihr Piratenbaby fort war, und mit weit aufgerissenen Augen zugesehen, wie der Krake und Creolinchen Freundschaft geschlossen hatten.

»Creolinchen«, staunte Mama Creola. »Du bist unglaublich!«

Das fanden die anderen Piraten auch. Mit viel Schiss in der Büx, aber ohne angegriffen zu werden, konnten sie die Schatzkiste holen. Danach schleppten sie singend und grölend ihre beiden Schätze aufs Schiff: den Goldschatz und ihren Creolinchen-Schatz.

3 Minuten

Wieso der kleine Ritter nicht einschlafen konnte

Mitten in der Nacht lag der kleine Ulfert immer noch wach in seinem Ritterbettchen. Er war so müde, er musste jetzt unbedingt schlafen! Deshalb schlüpfte er wie jede Nacht aus seinem Bett und tappte über den dunklen Gang ins Zimmer seiner Eltern. Vorsichtig kletterte Ulfert in die Mitte ihres Bettes und kuschelte sich an seine Mama. Seine kalten Füßchen steckte er zwischen die Beine seines Vaters.

»Huuuu«, jaulte sein Papa zitternd.

Aber Ulfert war schon eingeschlafen.

Am nächsten Morgen beim Frühstück futterte Ulfert mit Heißhunger seinen Haferbrei. Seine Eltern saßen müde daneben. Unter ihren Augen prangten dunkle Ringe, und sie gähnten herzzerreißend.

»Ulfert, du musst nachts in deinem Bett bleiben«, sagte sein Vater müde.

Betrübt sah Ulfert ihn an. »Aber du weißt doch – ich kann in meinem Bettchen nicht einschlafen! Gestern habe ich sogar gewartet, bis die Turmglocke zwölfmal schlug.«

3 Minuten

Seine Mama nickte. »Das ist ja auch lieb. Nur – wenn du bei uns schläfst, zappelst du immer so. Dann kann ICH nicht schlafen.«

»Ja, und du boxt und trampelst im Schlaf, weil du im Traum kämpfst. Ich habe schon überall blaue Flecken«, sagte sein Vater. Er seufzte.

»Aber wenn du nun einmal so große Angst hast …«

»Ich hab doch keine Angst«, rief Ulfert verwundert.

»Nicht?« Seine Eltern sahen ihn verblüfft an.

»Nein. Der Mond scheint in mein Zimmer, und draußen höre ich die Tiere im Stall. Wovor sollte ich Angst haben?«

Seine Eltern überlegten fieberhaft. Was konnte es sonst für einen Grund geben, dass Ulfert nicht einschlief?

In der nächsten Nacht erzählte sein Vater ihm Gute-Nacht-Geschichten – bis er selbst auf dem Stuhl vorm Bett einschlief. Ulfert aber schlich zu seiner Mama ins Bett.

Die Nacht darauf sang seine Mama ihm Schlaflieder vor – bis auch sie auf seine Decke sank und schnarchte.

Ulfert tapste zu seinem Vater hinüber und schlief dort.

Dann versuchten seine Eltern es mit Kräutertees zum Beruhigen, einer Augenbinde zum Verdun-

keln und einem Gehörschutz, damit es leiser wurde. Aber nichts half. Spätestens um Mitternacht war Ulfert wieder in ihrem Bett.

»Wenn nur die kalten Füße nicht wären!«, stöhnte sein Vater am nächsten Morgen.

»Ja, ich weiß«, sagte Ulfert. »Die stören mich auch immer so.«

Da wurde seine Mama plötzlich hellhörig. Kalte Füße? Rasch nahm sie Ulfert mit in sein Zimmer. »Leg dich doch einmal so hin, wie du immer liegst.«

Ulfert legte sich ins Bett und überkreuzte die Beine.

»Was machst du denn da?«, fragte sein Vater.

Doch seine Mutter lachte. »Siehst du nicht? Sein Ritterbett ist viel zu klein! Er ist gewachsen, und wir haben es gar nicht bemerkt. Jetzt schauen seine Füße unter der Bettdecke hervor und werden kalt. Kein Wunder, dass er mit den Eisfüßen nicht schlafen kann.«

So einfach war das also. Die Rittersleute ließen ihrem Sohn ein neues Bett anfertigen, das schon bald in seinem Zimmer stand. Mit einer längeren Decke blieben Ulferts Füße nun schön warm, und er schlief tatsächlich jeden Abend ein.

Das Problem war gelöst.

Oder doch nicht?

Nicht ganz, denn nun fehlte Ulferts Eltern nachts etwas, und sie wälzten sich im Schlaf hin und her – bis sie Ulferts Bett neben ihr großes Ehebett schoben. Jetzt konnten sie alle beieinanderliegen, hatten genug Platz und sehr warme Füße – und schliefen für den Rest ihrer Tage ganz wunderbar.

3
Minuten

3 Minuten

Die kleine Nixe

Mitten in der weiten Südsee schimpfte auf einer schmalen Insel der kleine Piratenjunge Ekki ganz fürchterlich vor sich hin.

»Es ist so gemein, so fies«, meckerte er und stellte ächzend den Sack voller Gold ab. »Immer auf die Kleinen. Mit mir können sie's ja machen.«

»Ekki, ich würde dir doch helfen«, brummte der Piratenkapitän. »Aber du passt nun mal als Einziger durch den winzi-

gen Felsspalt. Das war schon ein tolles Schatzversteck vom buckligen Bartolaus. Er konnte damals ja nicht ahnen, dass eines Tages eine so schlaue Piratenbande wie wir die Karte in die Finger kriegen würde.« Er lachte dröhnend. »Drei Mal noch, dann gibt es Mittagessen. Okay?«
Ekki grummelte. Er warf einen Blick auf die Piratenbande, die faul im Sand lag, und drehte sich wieder um.
»Immer ich«, sagte er.
Seufzend ging er den schmalen Gang durch die Felsen entlang, bis er wieder zu dem unterirdischen See kam. Dann griff er die beiden Holzbecher, holte tief Luft und tauchte. Es war schon toll, was da alles auf dem Boden des Sees lag: Berge von Goldtalern, Ketten und Schmuck, dazwischen glitzernde Juwelen und funkelnde Perlen. Ekki füllte die Becher und tauchte wieder auf. Nun musste er sie in den Sack leeren. Puh, war das anstrengend. Und schon tauchte Ekki wieder unter.
Plötzlich huschte ein dunkler Schatten an Ekki vorbei. Dem kleinen Piraten blieb beinahe das Herz stehen. War das ein Hai gewesen? Hektisch tauchte er auf. Und erschrak schon wieder. Da war jemand bei seinem Goldsack! Ein junges Mädchen!
»Hey, wo... wo kommst du denn her?«, stotterte Ekki.
Das Mädchen lächelte. »Na, aus dem Wasser.«
Sie setzte sich auf einen kleinen Felsen, und da sah Ekki, was das Mädchen meinte: Es hatte einen grünblau glitzernden Schwanz!

3 Minuten

»Du bist eine Meerjungfrau«, staunte er.

»Eine Nixe, bitte«, sagte das Mädchen. »Soll ich dir beim Goldfischen helfen?«

Ekki schüttelte den Kopf. »Nein, das wäre ja noch schöner. Wenn überhaupt, dann müssten mir die anderen Piraten helfen. Aber sie sind alle größer und hacken ständig auf mir herum. Seit gestern habe ich zwölf Säcke Gold geschleppt. Mir reicht's.«

Die Nixe sah ihn zustimmend an. »Richtig. Es ist wichtig, dass die Großen auch mal hören, was wir Kleinen sagen.« Dann flüsterte sie verschwörerisch: »Wenn du niemandem von mir erzählst, verrate ich dir ein Geheimnis.«

Ekki nickte aufgeregt.

»Ich zeige dir den zweiten Ausgang«, versprach die kleine Nixe. »Durch den können selbst die dicksten Piraten schwimmen. Sie werden natürlich nass und müssen auch ein Stück tauchen.«

Ekki kicherte. »Das ist fantastisch. Sie werden sich schwarzärgern, weil sie selbst ranmüssen. Aber ich habe schließlich meinen Teil getan.« Dann runzelte er die Stirn. »Ich find dich nett, kann ich dich mal wiedersehen?«

Jetzt kicherte die Nixe. »Dafür werde ich schon sorgen, kleiner Pirat.«

Sie glitt ins Wasser und schwamm davon.

Einen Augenblick später tauchte sie noch einmal auf und rief: »Hier ist der Ausgang. Wenn deine Piraten rechts um den Felsen schwimmen, müssen sie vor dem großen, flachen Stein abtauchen. Bis bald!« Sie winkte Ekki zu und verschwand.

Ekki schnappte sich grinsend seinen Goldsack. Er freute sich schon auf die Gesichter der anderen Piraten, denen er nun gründlich die Meinung sagen würde.

3 Minuten

5-Minuten-Geschichten

Ein grünes Monster 48
Roastbeef und Remoulade 54
Der dreimal dusselige Hilfs-Pirat 60
Ritter Anton reitet davon 66
Die kleinste Piratin der Weltmeere 72
Köstlicher Knappen-Kuchen 78
Mmh, lecker Erbsensuppe! 84

5 Minuten

Ein grünes Monster

Mitten im unendlichen Ozean suchte Piratin Piranha einen Schatz. Seit Wochen segelte sie nun schon mit ihrer Mannschaft über das Meer – und inzwischen war sie ziemlich schlechter Laune.

»Wo kann denn diese blöde Insel nur sein, zum verfaulten Brackwasser noch mal?«, fluchte sie.

Die anderen Piraten gingen in Deckung, denn wenn die Kapitänin wütend war, fuchtelte sie manchmal wild mit ihrem Säbel herum. Aber diesmal starrte sie nur durch das Fernglas.

Die Piraten hatten schrecklichen Hunger, denn ihre Vorräte waren geschrumpft, und es lagerte nur noch kistenweise harter Schiffszwieback im Vorratsraum. Wenn sie nur endlich Land entdecken würden …

Da, endlich schrie Kalle vom Ausguck: »Insel in Sicht!« Aufgeregt deutete er mit dem Arm gen Süden – und tatsächlich: Am Horizont schimmerte ein schmaler Streifen Land.

»Backbord!«, brüllte Piratin Piranha und kletterte sofort ganz vorn auf die Bugspitze.

Es dauerte aber noch eine ganz Weile, bis sie vor Anker gehen und mit den Beibooten an Land rudern konnten.

Kalle räusperte sich. »Wo ist denn der zweite Teil der Schatzkarte?«, fragte er vorsichtig.

Piratin Piranha funkelte ihn zornig an. »Du weißt genau, dass ich nur die Inselkarte habe. Den zweiten Teil der Karte finden wir auf der Insel, hat mein Opa damals gesagt. Also still jetzt.«

Kalle schwieg lieber. Er kannte die Geschichte von Piranhas Opa und seinem Schatz, den er auf einer weit entfernten Insel versteckt haben soll. Die Piratin hatte lange seeräubern müssen, bis sie endlich ein großes Schiff gekapert und genügend Piraten und Vorräte beisammenhatte, um so weit zu segeln. Kalle selbst glaubte nicht wirklich, dass der Opa seine Schätze hier vergraben hatte.

»Das ist alles nur Seemannsgarn«, brummelte er in seinen Bart. »Wir werden nichts finden, vielleicht nicht mal den Rückweg.«

Tsching!

Im nächsten Moment blitzte der Säbel der Piratenkapitänin im letzten Dämmerlicht der untergehenden Sonne auf.

»Was hast du gesagt?«, fragte sie streng.

»Ach... äh... nichts«, sagte Kalle rasch und lächelte schief.

Mit gezückten Säbeln gingen die Piraten an Land. Wer wusste schon, ob hier wilde Tiere hausten! In kleinen

5 Minuten

Gruppen durchforsteten sie die Insel. Bald ertönte der erste Schrei: »Jippiie!«

Aber es war kein Goldschatz, den Kalle und die anderen gefunden hatten – es waren Mangos! Leckere, frische Früchte – so etwas hatten sie seit Wochen nicht gegessen!

Dann der nächste Schrei: »Kokosnüsse!«

So ging es weiter. Ein Pirat nach dem anderen blieb irgendwo stehen und futterte, was das Zeug hielt.

Und Piratin Piranha – schimpfte die?

Nein. Zunächst hatte sie tapfer weitergesucht, aber als sie im Unterholz Ananas entdeckte, hatte auch sie nicht widerstehen können.

Gähnend trafen sich die Piraten am Strand wieder.

»Bisher haben wir nur Obst gefunden«, sagte Hannes müde.

»Ich bin recht weit vorgedrungen«, erzählte Piratin Piranha. »Aber keine Höhlen, und auch keine Reste von Flaschen oder Fässern oder irgendein Zeichen, dass ein Pirat die Insel betreten hat. Und eine Schatzkarte schon gar nicht. Ich glaube fast, dass ...«

Weiter kam sie nicht. Sie schnarchte nur noch. Das machte nichts, denn die anderen Piraten waren auch längst im warmen Sand eingeschlafen.

Am nächsten Morgen erwachte Kalle zuerst. Etwas berührte ihn an der Schulter. Er öffnete ein Auge – und sah direkt in ein grünes Gesicht mit zwei runden Augen.

»Ahh – wilde Tiere, Monster, Angreifer!«, schrie Kalle und sprang hektisch auf.

Die anderen Piraten wachten auf – und lachten ihn kräftig aus.

»Monster?«, spottete Piratin Piranha. »Hast du noch nie eine Schildkröte gesehen?«

Kalle klopfte sich beleidigt den Sand von der Hose. »Die wollte mich fressen«, sagte er beleidigt.

Piratin Piranha schubste ihn lachend zur Seite. Dann beugte sie sich zu der Schildkröte hinab. Und so ungehobelt die Kapitänin sonst auch sein mochte, zu Tieren war sie stets sehr freundlich.

»Alles gut, Kleiner?«, fragte sie sanft. »Tut mir leid, Kalle meint das nicht so. Du hast nicht zufällig eine …« Sie verstummte.

Was war denn das? Auf dem Rücken der Schildkröte waren irgendwelche Zeichen zu sehen. Die Piratin betrachtete den dunkelgrünen Panzer. Vom Wetter zwar verwaschen und

5 Minuten

verkratzt, aber noch erkennbar, war dort mit schwarzer Farbe etwas aufgemalt worden …

»Die Karte«, jubelte die Piratin.

Sie brauchten eine Weile, um die Karte zu entziffern, aber schließlich hatten sie alles erkannt und fanden mitten auf der Insel die drei aneinandergewachsenen Palmen und die acht kleinen Steine, die einen großen Kreis bildeten.

»Grabt!«, befahl Piranha.

Und die Piraten gruben. Sie schwitzten und keuchten und hackten und …

»Hier ist was«, brüllte Hannes plötzlich. »Eine Kiste!«

Da war nicht nur eine Kiste – es waren ein Dutzend! Und die Kisten waren voller Goldtaler, Perlen, Schmuck, goldener Becher, silberner Messer – ein unglaublicher Schatz.

Die Piraten jauchzten und tanzten und bewarfen sich mit dem Gold.

»Ach, Opa, du Guter!«, seufzte Piratin Piranha.

Sie blieben noch drei ganze Wochen auf der Insel. Dann räumten sie den Schatz bis auf den letzten Goldtaler ins Schiff. Außerdem schleppten sie Berge von Früchten an Bord. Und natürlich das uralte grüne Monster, das ihnen so viel Glück gebracht hatte.

5 Minuten

Roastbeef und Remoulade

Mitten zwischen den hohen Hügeln des bergischen Königreiches lebte ein Ritter, der keiner war. Er hieß Roastbeef, und obwohl allein das schon sehr merkwürdig klang, hatte er zudem ein Ross, das auf den Namen Remoulade hörte. Eigentlich war dieses Ross gar kein Pferd, sondern ein Esel. Es gab also jede Menge zu lachen für jemanden, der Ritter Roastbeef neu kennenlernte.

Einmal hätte Ritter Roastbeef sogar fast die Ritterehre erhalten, da er lange als Knappe auf einer Burg gelebt hatte. Allerdings war Roastbeef ein sehr schmächtiger junger Mann, der lieber auf der faulen Haut lag, als zu arbeiten oder sich auf Ritterturnieren durch sein Geschick hervorzutun. Die Rittertugenden lagen ihm nicht allzu sehr am Herzen, und für den König kämpfen wollte er schon gar nicht.

Eigentlich wollte Roastbeef einfach nur Ritter sein, in seiner Rüstung ein bisschen herumreiten und den Menschen

freundlich zuwinken. Aber ohne Ritterehre wollte ihn kein Burgherr auf seiner Burg dulden. So musste er schließlich in der Stadt bei einem Hufschmied als Knecht arbeiten und im Stroh schlafen. Das gefiel Roastbeef überhaupt nicht.
Noch weniger gefiel ihm aber, dass ihn die Stadtbewohner nur allzu gern verspotteten. Als Möchtegern-Ritter wurde er gehänselt und als Eselschieber ausgelacht. Es war nämlich so, dass sein Esel Remoulade mit der Zeit noch fauler geworden war als er selbst. Das Tier weigerte sich sogar

manchmal zu gehen. Also begann Roastbeef, ihn auf einem eigens gebauten Räderbrett zum Markt zu schieben und ihn dort mit Waren zu beladen. Das war immer noch einfacher, als die Waren später selbst zu tragen. Und der Heimweg führte bergab – dann rollte der Esel auf seinem Schiebebrett. Und Roastbeef obendrauf.
Das lief eigentlich ganz gut. Wenn, ja wenn nur die Leute

5 Minuten

nicht stets so gelacht hätten. Doch Roastbeef konnte warten. Er war sicher, dass der Tag kommen würde, an dem keiner mehr über ihn lachte.

Schließlich, an einem sonnigen Tag im Mai, sah er seine Chance gekommen. Es gab einen Wettbewerb für den schnellsten Reiter der Stadt. Der Sieger sollte sogar Ehrenritter werden und am Hofe des Königs leben dürfen! Das war genau nach Roastbeefs Geschmack.

Er nahm das Rollbrett auf den Rücken und führte Remoulade den Berg hinauf. Der Esel war heute zum Glück so gut gelaunt, dass er selber lief. Oben auf dem Berg verlas ein Bote des Königs gerade die Regeln:

»Alle Teilnehmer starten oben auf dem Berg und folgen dem Weg die steilen Straßen hinab bis ins Ziel, das sich am Fuße des Berges neben der Wassermühle befindet. Bei jedem wird die Zeit mit der Sanduhr gemessen. Teilnehmen darf, wer das 18. Lebensjahr vollendet hat und auf einem Reittier mit vier Beinen sitzen kann. Und beide müssen gemeinsam ins Ziel kommen.«

Roastbeef lächelte. Also musste es kein Pferd sein, das war prima. Gelassen betrachtete er die nacheinander startenden Reiter und fütterte seinen faulen Esel mit Heu. Ganz zum Schluss war endlich er an der Reihe.

»Ein Esel«, juchzten die Zuschauer. »Seht euch den an!«

»Das ist Roastbeef mit Remoulade!«, lachten andere.

Roastbeef hob stolz sein Haupt. Was kümmerten ihn die Stadtbewohner. Bald würde er bei Hofe wohnen. In aller

Seelenruhe steckte er die Hufe seines Esels in die ledernen Halterungen des Rollbretts und schob Remoulade an die Startlinie.

»Moment, Moment«, brummte der königliche Bote. »Ihr müsst schon reiten.«

Roastbeef schüttelte den Kopf. »Ihr habt vorgelesen, dass ich dem Weg bis ins Ziel folgen muss. Von Reiten habt Ihr nichts gesagt.«

Verwirrt holte der Bote sein Schreiben hervor. »Ihr habt recht«, staunte er. »Na gut, dann also los.«

Die Umstehenden johlten. »Auf dem Brett den steilen Berg hinab – in der ersten Kurve wird er ins Stroh fliegen!«, riefen sie.

Aber Roastbeef grinste nur. Der königliche Bote hob die Fahne und rief: »Auf die Plätze, fertig – los!«

5 Minuten

Roastbeef gab seinem Esel einen kräftigen Schubs – und sprang flink auf seinen Rücken. Dann flitzten sie los. Zuerst rollten sie nur eilig dahin, bald aber nahmen sie immer mehr Fahrt auf und rasten den Berg hinunter. Der Esel war an die Bergab-Fahrten gewöhnt und lehnte sich mal nach links, mal nach rechts und hielt ganz hervorragend die Spur.

Rasant wie ein Blitz schossen Esel und Reiter schließlich über die Ziellinie. Und zu Roastbeefs Glück, der nämlich über das Anhalten nicht nachgedacht hatte, bremste die Wiese das Rollbrett aus, und Roastbeef und Remoulade flogen in hohem Bogen in den Mühlenweiher.

Die Stadtbewohner holten sie mit Jubelrufen und fröhlichem Kreischen aus dem Wasser. Tropfnass stapfte Roastbeef zum Schiedsmann. »Und? Wie schnell waren wir?«
Der Schiedsmann nickte anerkennend und sagte: »Ihr wart der Schnellste. Eine halbe Sanduhr habt Ihr nur gebraucht.«
Roastbeef lächelte. Er lächelte auch, als ihn alle beglückwünschten, und er lächelte noch immer, als ihm der Schiedsmann eine Medaille umhängte und das Schreiben für die Ehrenritter-Würde in die Hand drückte. Und er lächelte immer noch, als er samt Esel auf den königlichen Wagen verladen wurde und seinen Weg ins Schloss antrat.
Von heute an würde er als Ritter am Hofe des Königs leben. Er hatte es ja immer schon gewusst!

5 Minuten

Der dreimal dusselige Hilfs-Pirat

Mitten zwischen zwei großen Inseln wohnte Mick auf einer Hallig in seinem kleinen Häuschen. Die anderen Dorfbewohner hatten ihn gewarnt, auf der winzigen Insel zu bauen. Bei Sturm schlugen die Wellen hoch und drohten sein kleines Häuschen zu überschwemmen. Und außerdem wimmelte es auf dem Meer nur so von Piraten.
»Piraten? Ha!«, sagte Mick dann. »Was sollten die schon bei mir klauen? Ich hab doch nur ein kleines Häuschen.«

Aber es kam, wie es kommen musste: Eines Tages standen die Piraten tatsächlich vor seiner Tür. Und weil Mick sie frech auslachte, als sie bei ihm nach Gold suchten, entführten die Piraten ihn einfach.
Erst als sie weit draußen über das Meer segelten, banden sie Mick los.
»So, mach dich nützlich«, sagte der finstere Kapitän. »Weglaufen ist nicht, um uns herum ist nur die raue See. Harharhar!«

Die Mannschaft lachte dröhnend.

Der Smutje drückte Mick einen Sack voll Kartoffeln in die Hand. »Hier, schälen, waschen und dann zum Kochen runterbringen.«

Mick nickte. Er griff sich ein Messer und schälte und schälte und schälte. Zwei Stunden später brachte er einen kleinen Haufen winziger Kartoffeln in die Kombüse.

»Was ist das?«, fragte der Smutje verblüfft.

»Na, die Kartoffeln!«, antwortete Mick und lächelte frech.

Der Smutje schaute ihn böse an. »Und wieso sind die so klein?«, fragte er.

»Ich hab sie geschält, bis auch wirklich keine Schale mehr dran war. Aber hinterher waren sie staubig, da habe ich noch etwas abgeschält. Und dann fielen sie in den Dreck, und ich musste noch mehr abschälen. Nun sind sie ganz fein und auch sehr vornehm, so klein, findest du nicht?«

Der Smutje lief rot an. Erst hellrot, dann dunkelrot. Und dann explodierte er wie ein Fass Schießpulver. »Schafft mir

5 Minuten

diesen Heini aus den Augen! Wie kann der nur… wie soll ich so eine ganze Mannschaft satt kriegen? Ich werd zum Wal! Ich werd …«

Mehr hörte Mick nicht, weil ihn zwei andere Piraten an Deck geschleppt hatten. Der Kapitän sah ihn streng an, aber Mick merkte, dass die beiden Piraten hinter ihm kräftig kichern mussten, denn sie wackelten am ganzen Körper.

»So, du machst gern Scherze, wie?«, sagte der Kapitän. »Damit du auch was zu lachen hast, darfst du jetzt den Rost von unseren Waffen polieren.«

Mick nickte und machte sich emsig daran, die Säbel und Pistolen zu putzen. Natürlich dauerte das die ganze Nacht, weil es wirklich ein Riesenhaufen Waffen war. Jeder der Piraten hatte ihm seine Pistole und seinen Säbel vor die Füße geknallt. Aber das machte Mick nichts aus. Zwischendurch hielt er immer mal ein kleines Nickerchen am Mast und polierte dann im Mondschein weiter. Als die ersten Sonnenstrahlen am Horizont auftauchten, war er fertig.

Er ging zur Kapitänskajüte und klopfte an die Tür.

»Käpt'n, was soll ich mit den polierten Waffen machen?«, fragte Mick höflich.

Der Kapitän war ein Morgenmuffel und mochte es gar nicht, so früh geweckt zu werden. »Stör mich nicht, du Heini. Was du machen sollst? Was macht man denn mit Waffen? Über Bord werfen? Überleg mal!« Grummelig zog er sich das Kissen über den Kopf. »Was er machen soll. Ich glaub's nicht. Was für eine Landratte.« Dann schlief er wieder ein.

5 Minuten

Wenig später stupste Mick einen der schlafenden Piraten an. »He, du, da steuert ein Schiff auf uns zu. Was bedeutet das?« Erschrocken sprang der Pirat auf, starrte zu dem Schiff hinüber und brüllte: »Schiff in Sicht! Angriff! Äh, nein… WIR werden angegriffen!«

Im Nu stand der Kapitän auf dem Deck. »An die Waffen!«, befahl er.

»Aber, Chef«, riefen die Piraten. »Wo sind denn unsere Waffen?«

Der Kapitän sah zu Mick. »Wo sind die Waffen?«

Mick deutete aufs Meer hinaus. »Ich hab sie über Bord geworfen. Wie du es mir befohlen hast.«

Dem Kapitän fiel die Kinnlade herunter. Er starrte Mick fassungslos an. Doch bevor er sich auf ihn stürzen und ihn ebenfalls über Bord werfen konnte, war das andere Schiff herangesegelt.

»Ergebt euch, Piratenbande!«, rief ein Mann in einer königlichen Uniform. Um ihn herum standen fünfzig Soldaten mit gezückten Säbeln.

5 Minuten

Der Kapitän packte Mick am Kragen. Er wusste, dass sie ohne Waffen verlieren würden. Also rief er listig: »Niemals. Aber ich habe heute keine Lust zu kämpfen. Deshalb biete ich Euch diese Geisel. Nehmt sie und schwirrt ab, oder kämpft mit uns. Dann wird allerdings als Erstes die Geisel über Bord geschmissen!«

Der Soldat überlegte. Leider waren sie vom König angehalten, Geiseln immer zu befreien und möglichst unversehrt nach Hause zu bringen. Das war oberster Befehl, wichtiger noch, als Piraten gefangen zu nehmen. Er seufzte.

»Also gut. Planke legen.«

Zwei der Soldaten legten ein langes Brett von einer Reling zur anderen. Der Piratenkapitän schob Mick auf die Planke. »Geh mir aus den Augen, du nichtsnutziger Heini«, brummte er.

Mick balancierte hinüber und sprang auf das königliche Schiff. Die Soldaten zogen das Brett ein und brachten das

Schiff wieder auf Kurs. Zu gern hätten sie die Piraten noch bekämpft, aber das Leben der Geisel durfte nicht in Gefahr geraten.

Mick winkte dem Piratenschiff. Der Kapitän blickte ihm wütend hinterher.

Mick aber wurde an Bord sehr höflich behandelt, bekam das feinste Essen serviert und wurde bis vor seine Haustür gebracht.

Er war sich ganz sicher, dass er in seinem ganzen Leben nie wieder von Piraten entführt werden würde.

Und er sollte recht behalten.

5 Minuten

Ritter Anton reitet davon

Mitten am Tag stapfte Ritter Anton wütend durch den düsteren Tannenwald. Es war zum Aus-der-Haut-Fahren! Jeden Monat sollte er einen Drachen fangen, damit er weiterhin auf der königlichen Burg als Ritter dienen durfte. Dabei hatte der König schon vier Drachen!

Zu gern hätte Anton mit einem der anderen Ritter getauscht. Ritter Adomir musste durch das Land streifen, um Gold zu finden. Ritter Wilhelm musste herumreisen, um eine Braut für den König zu finden. Und Ritter Adalbert und Ritter Winfried mussten neue Länder erobern. Das alles wäre besser als Antons Aufgabe!

Doch der König ließ ihn einfach nicht mit einem der anderen tauschen. Weil Anton nun mal der beste Drachenkämpfer im ganzen Land war.

Also zog Anton wieder einmal los und suchte im düsteren Wald nach einem Drachen. Sein Pferd hatte sich geweigert, in die finsteren Baumreihen hineinzureiten, und ihn einfach abgeworfen. So durfte Anton jetzt also auch noch zu Fuß weiterwandern. Mürrisch hieb er mit seinem Schwert die Äste beiseite.

»Jetzt komm, doofer Drache, damit wir es hinter uns bringen können!«, rief Anton laut.

Da schoss plötzlich eine Stichflamme zwischen den Zweigen hervor.

»Doofer Drache?«, hüstelte jemand. »Was ist denn das für eine Frechheit?«
Eine große grüne Drachenschnauze schob sich durch die dichten Blätter.
Anton hob sein Schwert, um den Drachen mit ein, zwei Schwerthieben in Schach zu halten und ihn dann zu fesseln. Doch da stieß der Drache sein Schwert mit einem Prankenhieb zur Seite.

Anton schluckte. Oje. Das würde nicht so einfach werden wie die letzten Jahre, dachte er. Dieser Drache war groß, sehr groß sogar. Anton machte einen Schritt rückwärts. Doch da umfing ihn bereits eine der gewaltigen Schwingen des Drachen.
»Äh, ich – Entschuldigung, das mit dem doofen Drachen war nicht so gemeint«, sagte Anton schnell. Bei allem Mut

5 Minuten

wusste er genau, wann es Zeit zum Rückzug war. Jetzt, um genau zu sein.

»Ich geh dann mal wieder«, murmelte er und versuchte, sich zu befreien.

Doch der Drache ließ ihn nicht.

»Von wegen!«, dröhnte er lachend. »Jetzt gibt es erst mal einen lustigen kleinen Kampf, und dann fresse ich dich – vielleicht. Eigentlich mag ich nicht so gerne Blech im Futter.«

Ritter Anton versuchte es mit einem Witz. »Möchtest du, dass ich die Rüstung für dich ausziehe?«

Der Drache lachte tatsächlich. Dabei schloss er für einen Moment die Augen. Anton nutzte die Chance und warf dem Drachen seinen Beutel Schnupftabak ins Gesicht – genau vor die Nasenlöcher.

Der Drache stutzte, dann atmete er ein.

Einmal, zweimal – HATSCHI!

Sein Nieser war gewaltig. Anton wurde durch die Luft geschleudert und landete hart auf dem Boden. Eilig stand er auf, um fortzulaufen, aber der Drache hielt ihn längst wieder zwischen seinen Krallen gefangen.

Anton seufzte. »Na gut, dann friss mich eben jetzt!«, sagte er verärgert.

»Bah, nee«, antwortete der Drache. »Du bist wütend und sauer. Saure Drops bereiten mir Sodbrennen. Das wird nichts mit uns, kleiner Ritter. Geh lieber wieder heim.«

Der Drache zog seine Krallen zurück und gab dem Ritter einen kleinen Schubs.

Ritter Anton sah ihn erstaunt an. »Du lässt mich gehen?«, fragte er.

Der Drache nickte. »Aber eine Frage habe ich noch. Weißt du, wo ich die anderen Drachen finden kann? Sie sind alle verschwunden.«

Ritter Anton wurde rot. »Äh, die sind beim König«, sagte er.

Der Drache legte den Kopf schief. »Warum?«

Anton lächelte entschuldigend. »Der König fühlt sich sehr mächtig mit ihnen. Und er denkt, dass sie irgendwann für ihn kämpfen könnten.«

Der Drache lachte so sehr, dass der Boden unter Antons Füßen wackelte.

»Niemals würde ein Drache das tun«, sagte er dann.

»Ich weiß«, murmelte Anton. »Aber der König weiß es nicht. Ich hab ihn angeschwindelt und gesagt, dass ich euch zähmen kann. Weil ich nur so auf der Burg bleiben darf.

5 Minuten

Ich weiß nicht, wohin ich sonst gehen soll. Ich kann nichts außer Ritter sein und Drachen fangen.«

Der Drache schüttelte unwillig den Kopf. »So ein Blödsinn. Du kannst bestimmt viel mehr. Geh doch einfach nicht wieder hin.«

Seine großen Drachenaugen schauten auf einmal sehr sehnsüchtig. »Bleib bei mir. Du kannst auch auf meinem Rücken reiten und mit mir fliegen! Ab und zu könnten wir so die anderen Ritter erschrecken.«

Ritter Anton überlegte. Warum eigentlich nicht? Er könnte sich eine Hütte im Wald bauen. Der Drache würde ihm immer Feuer machen. Und zu essen würde er im Wald genug finden.

»Ich weiß sogar, wo ein Goldschatz liegt«, sagte der Drache vergnügt. »Dann kannst du dir Werkzeug, Essen und solche Dinge kaufen, die Menschen brauchen.«

Da war Anton überzeugt. »Gute Idee«, sagte er und tätschelte dem Drachen liebevoll die Pfote. »Und weißt du, was wir zuallererst machen?«

Er schwang sich auf den Rücken des riesigen Drachen. Dann flogen sie gemeinsam zum königlichen Schloss, wo Anton begeistert und stürmisch begrüßt wurde. Die Wachleute gratulierten Anton zu dem riesigen Drachen und ließen ihn allein, damit er ihn einsperren konnte. Denn vor dem Drachenfeuer hatten sie alle Angst.

Anton aber sperrte niemanden mehr ein. Er ließ stattdessen die anderen Drachen frei, stieg auf den Rücken seines neuen Freundes und flog mit ihnen allen in den Sonnenuntergang.

Seitdem ist das Königreich frei von Drachen. Aber jeder weiß natürlich, dass sie auf einer geheimen, friedlichen Dracheninsel bis heute weiterleben.

5 Minuten

5 Minuten

Die kleinste Piratin der Weltmeere

Mitten in Julians Kakaotasse schwamm irgendein brauner Fleck.

»Iiihh, ein Käfer, das ist ja eklig«, sagte Julian.

Er versuchte, das kleine Tier mit seinem Löffel aus dem Kakao zu fischen. Aber das war gar nicht so einfach. Immer wieder entwischte es ihm.

»Verflixt, nun komm schon«, murmelte Julian.

Endlich hatte er es geschafft. Aber nanu, was war das? Als Julian das kleine Ding auf seinem Löffel genauer betrachtete, merkte er, dass es gar kein Käfer war! Es sah vielmehr aus wie ein …

Plötzlich erklang ein Sirren in Julians Ohren, und es fiepte so laut, dass er den Löffel zurück in die Tasse plumpsen ließ. Er beugte sich vor – und fiel und fiel und fiel.

Dann plumpste er auf den Boden.

Um ihn herum war es düster, und es roch nach Schokolade. Julian wollte gerade losstapfen und herausfinden, wo er war, als alles um ihn herum schwankte. Er konnte sich gerade noch an einem Mast festhalten, als er schon wieder zu fallen schien. Dann schwappte eine riesige Welle über ihn hinweg.

5 Minuten

»Ich hab den Kakao in den Bach geschüttet, Julian, ich mach dir einen neuen. Julian? Julian!«, hörte er seine Mutter von weit entfernt rufen.

Alles um Julian herum war riesig. Blumen, Steine, Grashalme – Julian ahnte, was geschehen war. Irgendwie war er geschrumpft und in seinen eigenen Kakao gefallen. Und dann hatte Mama ihn weggeschüttet, mitsamt dem merkwürdigen Käferdings. Und dieses Käferdings schien ein Schiff zu sein! Das nun sehr wackelig in dem kleinen Bach herumsegelte, der Julian plötzlich wie ein reißender Fluss vorkam.

»Du depperter Dorftrottel«, zeterte eine helle Stimme. »Zu blöd, diese Menschen, beachten nur sich selbst. Ihr habt kein Auge für kleine Dinge. Ihr seht nur, was ihr sehen wollt!«

Julian blickte sich um. Aber er konnte niemanden entdecken. Ach, doch – dort oben kletterte jemand zwischen den Segeln herum und zerrte daran.

»Da hat man schon alle Weltmeere bereist, und dann kommt so ein Dummkopf und bringt einen in höchste Gefahr. Jetzt hilf mir doch mal, du Mensch, du!«

Und Julian half. Er zog auf Anordnung hier an Seilen, dort am Segel, und schließlich schien der Jemand zufrieden zu sein. Er sprang vor Julian aufs Deck. Er? Nein, es war ein Mädchen! Mit goldenem Ohrring, zerrissenem Rock und schwarzem Kopftuch.

Julian grinste. »Bist du aber eine putzige Piratin!«

Zack! Das Mädchen zückte den Säbel und hielt ihn einen Millimeter vor Julians Nase. Erschrocken starrte der auf die glänzende Klinge.

»Entschuldigung«, flüsterte er.

Das Mädchen nickte. »Einverstanden.« Und steckte den Säbel wieder weg.

»Wieso bist du… sind wir so winzig?«, begann Julian vorsichtig.

»Winzig?« Das Mädchen lachte. »*Ihr* seid *riesig*. Alles eine Frage des Blickwinkels.«

Julian nickte. Ganz verstanden hatte er das nicht. »Und wie – komme ich jetzt wieder zurück?«

Die Piratin lachte. »Ich heiße Pina, und ich kann zaubern. Ich zaubere mich gern von einem Ort zum anderen. Auch wenn es diesmal irgendwie schiefgegangen ist …« Sie grinste. »Wenn ich dich wieder groß zaubere, will ich dafür auch eine Belohnung haben. Immerhin hättest du mich mit deinem riesigen Löffel beinahe zum Kentern gebracht.«

Julian überlegte. Was konnte er dem Piratenmädchen anbieten? Dann hatte er eine Idee.

»Du sagst, du bist schon über alle Meere gesegelt?«, fragte er.

Pina nickte.

»Aber in einer Menschenbadewanne mit viel Schaum warst du vermutlich noch nie.«

Pina neigte interessiert den Kopf. »Wie meinst du das?«

Julian erklärte eifrig: »Also, du zauberst mich wieder groß, und dafür nehm ich dich mit zu mir nach Hause. Und dann mache ich dir ein warmes Bad in der Wanne. Mit großen Schaumbergen. Und ich bau dir eine Rutsche. Und ich …«

»Das ist super«, rief Pina begeistert. Schließlich war sie immer auf der Suche nach neuen Abenteuern!

Das Piratenmädchen steuerte das Ufer an. Und schon begann es wieder in Julians Ohren zu sirren und zu rauschen. Einen Augenblick später war Julian wieder groß. Er seufzte erleichtert.

Langsam beugte er sich vor und nahm das kleine Pina-Schiffchen behutsam auf die Hand. Es war nicht einmal so groß wie eine Erdnuss, und Julian hatte wirklich Angst, es zu zerdrücken – da wuchs es mit einem Mal, bis es so groß war wie ein kleines Spielzeugschiff.

»So hörst und siehst du mich besser«, rief Pina ihm zu.

5 Minuten

Julian nickte. Fröhlich marschierte er den kurzen Weg zurück. Im Garten erwartete ihn seine Mutter bereits.

»Wo warst du denn plötzlich?«, fragte sie verwirrt.

Julian zuckte die Schultern. »Ach, ich hatte keinen Durst mehr. Kann ich baden?«

»Jetzt?«, fragte seine Mutter überrascht. »Na gut, dann badest du halt *vor* dem Abendessen. Viel Spaß!«

Julian flitzte die Treppe hinauf. Er stellte das Pina-Schiff auf den Wannenrand und ließ Wasser ein – mit ganz viel Schaum.

»Das duftet gut!«, freute sich das Piratenmädchen, als Julian sie in das Wasser setzte.

Julian baute aus einer Kurve seiner Autorennbahn eine Wasserrutsche, und Pina rutschte wieder und wieder hinunter. Julian hielt stets seinen Finger ins Wasser, auf den sie krabbelte, und hob sie wieder hinauf.

»Julian«, rief seine Mutter eine Weile später.

»Oh, ich muss hinunter«, erklärte Julian.

Pina gähnte. »Und ich muss schlafen«, sagte sie. »Kannst du mich in dein Regal stellen?«

Julian kicherte. »Na klar. Und morgen früh schrumpfst du mich wieder, und wir machen eine Spazierfahrt in unserem Pool, okay?«

Pina nickte noch kurz, dann schlüpfte sie in ihre Kajüte.

Sehr behutsam brachte Julian das Pina-Schiff in sein Zimmer und setzte es ins Regal. Eine Zeit lang leuchtete noch Licht hinterm Bullauge, dann wurde es dunkel.

»Gute Nacht«, flüsterte Julian.

Er freute sich schon sehr auf den nächsten Morgen.

5 Minuten

Köstlicher Knappen-Kuchen

Mitten ins Herz hatte Mirindas Anmut ihn getroffen! Waldemar lebte als junger Knappe auf Burg Backstein. Er war schrecklich, ja ganz schrecklich verliebt in das hübsche Burgfräulein: Mirinda hatte ihn ganz und gar verzaubert.
Nun war Mirinda kein Burgfräulein, das oben in einem Turm am Fenster saß und darauf wartete, dass ein junger Mann sie eroberte. Nein, Mirinda lief in Stiefeln durch die Burg, half hier und arbeitete dort. Sie kümmerte sich um die Pferde, ritt aus und übte mit Pfeil und Bogen. Kurzum, sie tat alles, was junge Burgfräulein eigentlich nicht taten. Knappe Waldemar gefiel das außerordentlich gut.

Allerdings waren schon viele junge Männer auf die Burg gekommen, um Mirinda zu sehen. Aber die hatte alle Bewerber abgewiesen. Waldemar wagte kaum zu hoffen, es könnte ihm besser ergehen. Dennoch nahm er all seinen Mut zusammen und stellte sich an einem lauen Frühlingsabend unter ihr Turmfenster. Er hatte lange auf der Laute geübt und sang seiner Liebsten nun ein Lied über ein holdes, zartes Fräulein vor. Er dachte, dass er Mirinda mit dem Lied schmeicheln würde. Weit gefehlt! Es dauerte nicht lang, da beugte sich Mirinda aus ihrem Fenster. Als sie Waldemar erkannte, schien sie kurz zu lächeln, aber dann verfinsterte sich ihr Gesicht. Sie hörte ihm nur kurz zu, dann schloss sie das Fenster mit einem lauten Knall.

Betrübt lief Waldemar in seine Kammer. Doch er hatte das zarte Lächeln in Mirindas Gesicht gesehen und hegte noch Hoffnung. Vielleicht mochte sie keinen Gesang! Rasch legte er sich auf sein Bett und dachte sich Reime über seine Liebste aus.

Am nächsten Abend stellte sich Waldemar wieder unter Mirindas Fenster und rief seine romantischen Verse laut

5 Minuten

heraus. »Du holdes Fräulein, lieblichste aller Blumen, zarteste aller Blüten …«

Wieder schaute Mirinda zum Fenster hinaus. Ihr Gesicht erhellte sich kurz, sie lauschte – doch dann sah sie Waldemar wütend an.

»Das könnte für jedes Mädchen sein – aber nicht für mich!« Mit diesen Worten knallte sie das Fenster wieder zu.

Erschüttert blickte Waldemar nach oben. »Nicht für Euch?«, flüsterte er. »Aber ich habe doch die Verse nur für …«

Traurig stapfte er zu seinem Zimmer, aber ein guter Duft lockte ihn in die große Burgküche, wo die Köchin noch arbeitete.

»Werte Köchin, habt Ihr noch keine Nachtruhe verdient?«, fragte Waldemar schnuppernd.

Die Köchin lachte. »Ja, schnüffle nur und komm her – du sollst meine Suppe als Erster probieren.«

Sie gab Waldemar einen großen Teller voll Suppe.

»Ist das gut!«, seufzte Waldemar zufrieden.

Die Köchin lächelte. »Besonders gut bei Liebeskummer«, sagte sie.

Waldemar wurde rot. »Woher wisst Ihr …«

»Denkst du wirklich, irgendjemand auf der Burg wüsste nicht, dass du in das Burgfräulein verliebt bist?«, rief die Köchin lachend. »Aber du hast Glück, dass du zu mir kommst. Du und ich, wir backen jetzt einen Kuchen für deine Liebste.«

Waldemar strahlte. Was für eine gute Idee! Die Köchin

holte eine Schüssel, und Waldemar backte mit ihrer Hilfe den ersten Kuchen seines Lebens. Er verrührte Eier, Mehl und Schmalz.

Schon bald duftete es herrlich. Als sie den Kuchen aus dem Ofen holten, riet die Köchin: »Nun schneiden wir aus dem Kuchen ein Herz und verzieren es. Das hat noch jedes Mädchen verzaubert.«

Waldemar nickte. Doch dann hielt er inne. Was hatte die Köchin gesagt? Jedes Mädchen?

»Das ist es!«, rief er plötzlich glücklich. Er nahm das Gesicht der Köchin zwischen 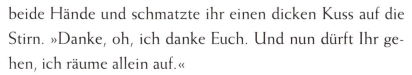 beide Hände und schmatzte ihr einen dicken Kuss auf die Stirn. »Danke, oh, ich danke Euch. Und nun dürft Ihr gehen, ich räume allein auf.«

Die Köchin ging lachend davon. Waldemar aber werkelte noch eine ganze Zeit lang in der Küche herum, bevor er schließlich aufräumte und selbst zu Bett ging.

Am nächsten Morgen nahm Waldemar sogleich den Kuchen, über dem ein Tuch lag, lief zum Turm des Burgfräuleins und wartete, bis es hinunterkam.

Als Mirinda die Tür öffnete und ihn erblickte, lächelte sie. Dann bemerkte sie das Tablett und seufzte. »Was nun, werter Knappe?«, fragte sie. »Bringt Ihr mir jetzt einen

5 Minuten

Kuchen, geformt wie ein Herz, wie ihn ein jedes Mädchen bekommt?«

Waldemar lächelte nur. Er hob das Tuch vom Tablett und sah Mirinda tief in die Augen. »Nur für Euch«, sagte er leise.

Mirinda betrachtete den Kuchen, dann begannen ihre Augen zu strahlen. Sie lächelte und blickte Waldemar glücklich an.

Der Kuchen auf dem Tablett bestand aus drei Teilen: einem Schwert, einem Hufeisen und einem Ring.

»Ihr seid nicht wie jedes Mädchen«, erklärte Waldemar. »Deshalb habe ich Euch einen besonderen Kuchen gemacht. Das Schwert steht dafür, dass wir gemeinsam kämpfen und kochen werden. Das Hufeisen bedeutet, dass wir gemeinsam durch unser Leben gehen und reiten wollen. Und der eiserne Ring steht ...«

»... für ewige Liebe«, ergänzte Mirinda. Dann beugte sie sich vor und hauchte Waldemar einen zarten Kuss auf die Wange. »Ich freue mich sehr über deine Geschenke«, flüsterte sie. »Willst du nun mit mir frühstücken? Ich habe Kuchen.«

Waldemar nickte glücklich. Sie suchten alles zusammen, was sie für ein Picknick brauchten, und frühstückten oben auf dem Burgturm. Gemeinsam blickten sie zwischen den Zinnen ins Land und träumten von ihren zukünftigen Abenteuern.

5 Minuten

Mmh, lecker Erbsensuppe!

Mitten in der Mitte des Murmelmeeres segelte ein kleines Piratenschiff immerzu im Kreis. Die sieben Piraten, denen es gehörte, waren schon lange nicht mehr auf Kaperfahrt gefahren. Also taten sie das, was sie am liebsten taten: futtern. Sie hatten nämlich einen fantastischen Koch: den dicken Ede, einen wirklich drolligen Kugelpiraten. Der kochte ihnen tagein, tagaus die leckersten Gerichte: Bratkartoffeln mit Speck, Haferbrei mit Muscheln und natürlich Fisch.

Die Piraten waren inzwischen schon dick und rund geworden. Nur Kapitän Knut blieb rank und schlank. Er sah es gar nicht gern, dass seine Mannschaft so dick geworden war. Was, wenn sie eines Tages kämpfen müssten?

»Käpt'n«, murmelte Manni an diesem Vormittag, »wir überlegen doch schon so lange, was wir auf unsere Piratenflagge schreiben sollen, richtig?«

Kapitän Knut nickte. »Warum, hast du eine Idee?«
Manni musste kichern. »Jau. Wie wäre es mit ›Die prallsten Piraten der acht Weltmeere‹? Hahaha!« Er kullerte vor Lachen über die Planken.

5 Minuten

»Sehr witzig«, schimpfte Knut. »Ich fürchte, wenn wir einmal angegriffen werden, könnt ihr unser Schiff gar nicht verteidigen.«
Burkhard legte die Stirn in Falten. »Wer soll uns denn angreifen? WIR sind doch die Piraten.«
Die anderen grölten.
Aber Kapitän Knut blickte gedankenverloren zum Horizont. »Ja, ja. So ist es, bis es anders ist.«
Manni zog die Augenbrauen hoch. Was meinte der Käpt'n denn damit? Auch die anderen hatten kein Wort verstanden. Doch bevor sie nachfragen konnten, rief der dicke Ede auch schon zum Mittagessen.
»Kommst du mit, Käpt'n?«, fragte Burkhard. »Es gibt Erbsensuppe!«
Knut schüttelte den Kopf. »Danke, ich bleibe hier oben.«
Und während sich die anderen die Bäuche vollschlugen, starrte der Kapitän aufs Meer hinaus. Ihm war langweilig. In den letzten Monaten

5 Minuten

waren sie immer nur im Kreis herumgeschippert. In dieser Gegend kam fast nie ein Schiff vorbei, das man ausrauben konnte. Doch plötzlich …

»Schiff in Sicht«, murmelte er leise. Und dann, lauter – sehr laut: »Schiff in Sicht! Alle Mann an Deck! Los, los, wir entern!«

Ächzend wuchteten sich die prallen Piraten die Treppe hinauf, suchten verwirrt nach ihren Säbeln und versammelten sich endlich an der Reling.

»Aber… die steuern ja auf uns zu«, sagte Manni verwirrt. »Die wollen UNS ausrauben.«

Kapitän Knut lächelte. Das war ihm egal. Hauptsache, es passierte endlich mal etwas.

In der Tat kam das fremde Schiff direkt auf sie zu. Es segelte unter der Flagge der murmelesischen Königin. Sicher hatte es viele Schätze an Bord!

Und offenbar auch sehr viele Soldaten.

»Im Namen der Königin, ergebt euch!«, befahl der Befehlshaber.

»Äh, nö«, sagte Knut gelassen. »Gebt ihr uns lieber euer Gold.«

Die königlichen Soldaten lachten spöttisch. Der Befehlshaber rief: »Warum sollten wir? Ihr seid dick und prall und könnt euch kaum bewegen. Wie solltet ihr gegen uns kämpfen? Hiermit gehört euer Schiff jetzt uns. Männer, nehmt sie gefangen.«

Die Soldaten legten eine Planke von Schiff zu Schiff, kamen

herüber und überwältigten die dicken Piraten in Windeseile. Die wehrten sich kaum, sie waren viel zu verblüfft – und zu vollgefressen, ehrlich gesagt.

Doch als sie kurze Zeit darauf im Bauch des Königsschiffs saßen, flüsterte Kapitän Knut ihnen seinen Plan zu. Die Piraten kicherten. Ihr Käpt'n war genial.

Als die Soldaten nach den Gefangenen sahen, rief Knut: »Erbsen ahoi, Männer!«

Da pupsten die prallen Piraten drauflos. Sie pupsten, dass die Schiffswände wackelten. Bald stank es so sehr, dass die Soldaten an Deck flohen. Doch das Gemüffel kroch durch alle Ritzen.

5 Minuten

»Bringt sie wieder auf ihr Schiff und bewacht sie dort!«, befahl der Befehlshaber. Er war schon ganz grün im Gesicht. Gesagt, getan. Die Soldaten versuchten, die Piraten zu fesseln, aber die pupsten gleich los, sodass den Soldaten ganz schwindelig wurde. Es dauerte nicht lange, da flohen die Soldaten zurück auf ihr Königsschiff und weigerten sich, die Piraten weiter zu bewachen. Der Befehlshaber regte sich fürchterlich auf. »Na, dann schleppen wir sie eben nur ab!«, schrie er mit rotem Kopf.

Und als sie gerade so richtig schön in Fahrt waren, kappten die Piraten einfach die Taue. Schon trieb das Königsschiff davon, und die Piraten drehten bei.

»Danke für den Riesenspaß«, brüllte Kapitän Knut ihnen nach. »Und schönen Gruß an die Königin – von den Pups-Piraten!«

Die Soldaten kehrten nicht mehr um. Sie waren äußerst froh, diese Pups-Piraten los zu sein. Nur der Befehlshaber schrie noch eine Zeit lang irgendwelche Befehle vor sich hin.

Die Geschichte von den pupsenden Piraten wurde bald im ganzen Murmelland verbreitet. Schließlich kannte jeder die Legende der fürchterlichen Pups-Piraten. Und da ihnen niemand begegnen wollte, wurden sie nie mehr angegriffen oder gefangen genommen.

Den Pups-Piraten war das sehr recht. Wenn Kapitän Knut einmal im Jahr wieder langweilig wurde, näherten sie sich einem reich aussehenden Schiff, das zufällig vorüberkam.

Wenn die Besatzung dort die Flagge mit dem blanken Piratenpopo sah, warf sie freiwillig einen dicken Sack Gold zu ihnen hinüber.

Die Pups-Piraten bedankten sich jedes Mal artig – mehr als einen Sack pro Jahr brauchten sie ja auch gar nicht. Bis auf Kapitän Knut blieben sie alle dick und rund – die prallsten Pups-Piraten der sieben, ach nein, acht Weltmeere.

8-Minuten-Geschichten

Das Märchen vom edlen Ritter 92
Das geheimnisvolle Königsschiff 102
Marie, die erste Rittersfrau 112
Die Legende vom goldenen Schiff 121
Michel und die Gespensterrettung 130

Das Märchen vom edlen Ritter

Mitten in einem unbekannten Land herrschte einmal ein König, der hatte eine wundervolle Tochter, die ihm viel Freude bereitete. Nun war sie in ein Alter gekommen, dass sie heiraten konnte. Der König wollte unbedingt einen guten Mann für sie finden und nicht einfach irgendeinen dahergelaufenen Prinzen. Deshalb schmiedete er einen klugen Plan.

Im Mai gab der König einen großen Ball auf seinem Schloss. Er ließ viele Prinzen, Ritter und Edelleute kommen. Es wurde ein rauschendes Fest.

Die Prinzessin tanzte und lachte und amüsierte sich prächtig. Das große Fest dauerte volle vier Tage, und die Prinzessin lernte viele junge Männer kennen, die um ihre Hand anhielten.

Am Ende des Festes durfte die Prinzessin drei von ihnen auswählen, die eine Probe bestehen sollten.

Die Prinzessin schaute sich genau um, denn sie wollte einen ehrlichen und freundlichen Mann zum Gemahl. Am besten gefielen ihr ein Prinz, ein Edelmann und ein eher ärmlich aussehender Ritter.

Nachdem alle anderen Jünglinge wieder abgereist waren, wurden die drei Auserwählten an die lange Festtafel gebeten und durften mit dem König und seiner Tochter zusammen speisen.

Die Prinzessin fand alle drei Jünglinge recht anmutig, aber ihr Herz schlug schon bald für einen von ihnen ganz besonders. Und bevor sie sich in ihre Kammer zurückzog, steckte sie ihrem Liebsten heimlich einen Ring zu, der ihm für die anstehende Aufgabe Glück bringen sollte. Dann verschwand sie.

8 Minuten

8 Minuten

Am nächsten Morgen versammelten sich alle Bewohner im großen Burghof. Der König sprach: »Verehrte Männer, ihr werdet euch heute um die Hand meiner Tochter bemühen. Ihr versteht sicher, dass ich prüfen muss, wer von euch es wert ist, meine Tochter durchs Leben zu begleiten. Eure Aufgabe ist es, in den Wald zu reiten und erst wieder herauszukommen, wenn ihr etwas sehr Wertvolles gefunden habt, das uns Reichtum bringen wird. Bis zum Abend habt ihr Zeit, dann müsst ihr wieder im Schloss sein.«

Der Prinz, der Edelmann und der Ritter nickten, dann wurden ihnen ihre Pferde gebracht, und sie ritten in den dunklen Wald.

Der Prinz dachte erst gar nicht daran, im Wald nach irgendwelchen Schätzen zu suchen. Er ritt gleich durch den Wald hindurch und stieg beim ersten ärmlichen Haus am Wegesrand von seinem Pferd. Auf einer Bank vor dem Haus saß eine Magd in zerlumpten Kleidern.

»Heda«, rief der Prinz laut.

Eine Bauersfrau öffnete die Tür. »Was wollt Ihr?«, fragte sie harsch.

»Was ist das wertvollste Stück, das Ihr besitzt? Habt Ihr Goldtaler, goldene Becher oder Teller?«

Die Bauersfrau lachte. »Gold? Ihr macht Scherze, werter Herr.«

Der Prinz starrte auf die Hände der Magd. An einem ihrer Finger funkelte ein goldener Ring in der Sonne.

»So, so, Ihr habt also kein Gold, wie?«, rief er zornig. Er lief zu der Magd, hob ihre Hand und zerrte den Ring von ihrem Finger. »Das gehört ab heute dem König«, sagte er. »Ich soll es zu ihm bringen.«

Und ohne ein weiteres Wort ritt er davon.

Der Edelmann ritt zunächst durch den Wald. Mit wachen Augen blickte er sich im Dickicht um. War nicht irgendwo etwas Wertvolles zu entdecken? Glitzerte dahinten nicht eine silberne Münze? Nein, es war nur das Sonnenlicht, das sich in einer Pfütze spiegelte.

Als die Mittagssonne hoch am Himmel stand und der Edelmann Hunger bekam, ritt auch er durch den Wald hindurch und hielt bei jenem kleinen Häuschen, an dem zuvor schon der Prinz gewesen war. Die Bauersfrau erwartete ihn mit verschränkten Armen.

»Na, sucht Ihr nach Gold?«, fragte sie neugierig.

Doch der Edelmann beachtete sie gar nicht, denn er hatte sogleich das Funkeln auf dem lumpigen Kleid der Magd bemerkt. Ohne ein Wort lief er zu ihr und riss die goldene Kette mit dem Edelstein von ihrem Hals.

»Tut mir leid, junge Frau, aber der König verlangt nach Euren Gaben«, sagte er.

Dann ritt auch er zum Schloss zurück.

Der dritte Jüngling aber, jener ärmliche Ritter, verbrachte den ganzen Tag im Wald. Er stieg von seinem Pferd und suchte lange, bis er etwas gefunden hatte, das wertvoll genug für den König und seine Tochter schien. Erst als die Sonne unterging, ritt er zum Schloss zurück.

Dort warteten der König und sein ganzes Gefolge bereits auf den Ritter.

Die drei Jünglinge traten vor ihn und verbeugten sich.
»Nun, was habt Ihr mir anzubieten?«, fragte der König.
Der Edelmann trat vor und breitete die Kette vor dem König auf dem Tisch aus.
»Seht hier, mein König. Diese wertvolle Kette lege ich Euch und Eurer Tochter zu Füßen, auf dass sie Euren Reichtum mehre.«
Doch der Prinz schob ihn zur Seite, ließ den Ring auf den Tisch fallen und rief: »Ich habe etwas noch Wertvolleres gefunden, das Euch gewiss reicher machen wird.«
Der König schüttelte halb betrübt, halb zornig den Kopf.
Und aus seinem Schatten trat eine junge Frau in zerlumpten Gewändern.
»Die … die Magd«, stammelten Prinz und Edelmann verwirrt.
Die junge Frau schob sich die Kapuze vom Kopf. Es war die Prinzessin. Anklagend blickte sie die zwei jungen Männer an.
»Ihr habt einer armen Frau ihren wertvollsten Besitz gestohlen«, sprach der König missmutig. »Solch ein schlechtes Benehmen dulde ich nicht vom Bräutigam meiner Tochter. Ihr seid es gewiss nicht wert, sie durchs Leben zu begleiten.«
Reumütig entschuldigten sich die Männer und ritten durchs Burgtor davon.

8 Minuten

Nun war der Ritter an der Reihe. Die Prinzessin sah ihn sorgenvoll an. Zwar war er nicht bei dem kleinen Haus gewesen, doch es gab noch weitere Häuschen dort. Ob auch er irgendwo etwas gestohlen hatte? Ihr Herz klopfte heftig – schließlich war dieser Rittersmann ihr Auserwählter, und sie hoffte sehr, er möge sich ihrer würdig erweisen.

Als sich der Ritter vor dem König verbeugte, fiel ein Ring aus seiner Tasche.

Der König runzelte zornig die Stirn. »Wie ich sehe, hattet Ihr die gleiche Idee wie die zwei anderen. Ich …«

Doch da legte ihm seine Tochter eine Hand auf die Schulter. »Aber nein, Papa, der Ring gehört mir. Ich habe ihn nur als Glücksbringer verliehen.«

Der König schmunzelte. Also hatte seine Tochter bereits ihre Wahl getroffen! »Nun, junger Mann, dann hoffe ich, Ihr seid dieses Vertrauen wert«, sprach er.

Der Ritter nickte. Er trug etwas auf dem Arm, das unter einem schwarzen Tuch verborgen war. Als er das Tuch anhob, saß auf seiner Hand ein stolzer Falke mit verbundenen Augen und an einem Lederband festgehalten.

»Ah!« und »Oh!« staunten die Zuschauer.

»Ich habe Euch einen Falken gefangen«, erklärte der Ritter mit fester Stimme. »Ich kenne die Geheimnisse der Falkenzucht und kann Euch helfen, sie zu erlernen. Mit dem Falken könnt Ihr auf die Jagd gehen und Essen für Euch und Eure Untertanen beschaffen.«

Ein bewunderndes Raunen ging durch die Menge.

Der Ritter griff mit der anderen Hand nach einem Beutel, legte ihn vor den König auf den Tisch und öffnete ihn.
»Was sind das für braune Brocken?«, fragte der König erstaunt.
»Das sind Trüffel«, erklärte der Ritter. »Ganz besonders aromatische Pilze, eine sehr beliebte Speise, die zu teuren Preisen eingekauft wird. Euer Wald ist voll davon. Wenn Ihr sie sammeln lasst und verkauft, werdet Ihr gutes Geld einnehmen, das Ihr an Eure Untertanen verteilen könnt.«
Der Ritter verbeugte sich. »Ich hoffe, das wird Euch Reichtum bringen und ist es wert, mir die Hand Eurer Tochter zu versprechen.«
Sogleich stand der König auf, griff nach der Hand des Jünglings und legte sie auf die zarte Hand seiner Tochter.
»Ja, Ihr habt Euch in der Tat als würdig erwiesen. Schlauheit und Ehrlichkeit zeichnen Euch aus. Dank Eurer klugen

Ideen wird es uns allen besser gehen. Ihr habt nicht nur an das Königshaus gedacht, sondern auch an das Volk. Ihr sollt der Gemahl meiner Tochter sein, denn Ihr werdet einmal ein guter König werden.«

Nun jubelten alle Bewohner, warfen ihre Hüte in die Luft und begannen sogleich, eine große Feier vorzubereiten. Der

Ritter wurde neu eingekleidet und überall freundlich aufgenommen.

Wenige Wochen später wurde Hochzeit gefeiert, die größte und schönste Hochzeit, die das Königreich je erlebt hatte. Im Wald hinter dem Schloss wurden von jenem Tag an viele Trüffel gesucht und gefunden. Rund um das Schloss wurde mithilfe der Falken gejagt. Der Wohlstand des ganzen Landes vermehrte sich, und alle lebten glücklich und zufrieden.

8
Minuten

8 Minuten

Das geheimnisvolle Königsschiff

Mitten auf der großen, windstillen Ostsee stand ein dürrer Pirat und spuckte den Fisch vom Mittagessen zurück ins Meer. Holzheini war übel. Ihm war immer übel. Manchmal fragte er sich, warum er überhaupt Pirat geworden war, wenn ihm sogar schlecht wurde, obwohl das Schiff kein bisschen schaukelte. Doch sobald Holzheini dann tief einatmete, fiel es ihm wieder ein. Die salzige Luft, das Kreischen der Möwen, der Blick auf den endlosen Horizont und die Freiheit… Ja, Pirat wollte er sein und nichts anderes. Leider war Holzheini und seiner Mannschaft in letzter Zeit nicht viel Glück vergönnt gewesen. Es hatte sich herumgesprochen, dass ihr Piratenschiff nahe der Küste segelte. Daher waren die Seefahrer vorsichtig

geworden. Sie segelten nur noch von Hafen zu Hafen oder luden kein Gold, sondern nur Getreide an Bord – und welcher Pirat will schon einen Haufen Hafer? Sie waren doch keine Pferde!

Holzheini schlug mit dem Holzbein gelangweilt im Takt auf die Schiffsbohlen. Nach einer Weile kam der Kapitän zu ihm.

»Holzheini, wir fahren raus aufs Meer«, sagte Kapitän Flick bedauernd. Denn auf dem weiten Meer wurde Holzheini stets noch öfter übel.

Aber Holzheini nickte. »Wird Zeit, dass wir mal wieder einen fetten Fisch an die Angel kriegen«, brummte er.

»Genau«, sagte der Kapitän und lachte. »Einen Goldfisch!«

Die Piraten segelten zwei Tage über das Meer. Dann entdeckten sie ein Schiff. Ein großes Schiff. Majestätisch. Auf seinen großen weißen Segeln prangte eine blaue Krone.

»Ein Königsschiff«, raunten die Piraten. Sie waren ganz aufgeregt. Auf einem Schiff des Königs gab es immer einen Haufen Gold zu holen.

Aber Holzheini runzelte die Stirn. »Da stimmt was nicht«, murmelte er. »Mein Holzbein juckt.«

Aber die Mannschaft hörte nicht auf Holzheini. Sie hatten schon zu lange auf einen neuen Angriff gewartet. Und ein Königsschiff hatten sie noch nie geentert!

Die Piraten steuerten geradewegs auf das Königsschiff zu. Seltsamerweise versuchte es gar nicht erst, vor ihnen zu fliehen.

»Wir sollten umkehren«, warnte Holzheini.

Doch der Kapitän warf schon den ersten Enterhaken.

Auf dem Königsschiff regte sich nichts.

»Die haben die Hosen voll«, grölte Kapitän Flick.

»Jau, die sind vor Angst unter Deck gekrochen!«, brüllte der magere Mattis und schwang sich hinüber. Auch die anderen Piraten enterten in Windeseile das Schiff. Mattis lief unter Deck. Etwas blass kam er zurück.

»Da ist keiner«, sagte er tonlos. »Kein Einziger.«

Alle wussten, was das bedeutete. Sie waren auf einem Geisterschiff!

»Na, wer kriecht jetzt vor Angst unters Deck?«, fragte eine heisere Stimme. Den Piraten standen die Haare zu Berge! Durch die Tür der Kapitänskajüte schwebte ein Mann. Er war sehr elegant gekleidet, ein Hut mit breiter Krempe und großer Feder prangte auf seinem Kopf. Er sah eigentlich recht nett aus, wäre er nicht ganz und gar geisterweiß gewesen. Und vor Geistern hatten alle Piraten eine Höllenangst. Es hieß zwar, Geister könnten nichts anfassen außer ihren eigenen Geisterdingen, und so konnte ihr Säbel niemandem etwas anhaben. Dafür aber schnitten sie so fürchterliche Fratzen, dass man sich zu Tode erschrak und auf der Stelle umfiel.

»Äh, w-wir würden das gern t-tun, wenn wir dürfen«, stammelte der Kapitän Flick. »U-unter Deck kriechen. W-wenn Ihr uns l-l-lasst?«
Der Geisterkapitän lachte schallend.
»Das wird er nicht tun«, murrte Holzheini. Alle sahen ihn an, sogar der Geisterkapitän, der vergnügt dabei lächelte. »Und warum wohl nicht?«, fragte er belustigt.
»Weil Ihr für jeden Piraten, den Ihr über die Planke schickt, ein Jahr wie ein normaler Mensch leben könnt«, wusste Holzheini.

8 Minuten

Die anderen Piraten wurden bleich. Sie hatten das nicht gewusst.

Der Geisterkapitän lachte. Doch dann sagte er: »Ihr habt Glück. Ich will gar nicht wie ein normaler Mensch leben.«

»N-nicht?«, stotterte Kapitän Flick verwundert.

»Nein.« Der Geisterkapitän runzelte die Stirn. »Soweit ich mich erinnere, war das alles recht mühsam. Immer schlafen und essen müssen und Gold rauben, damit man wieder Essen kaufen kann, und immer mal krank werden, und überhaupt – ach, das war nichts für mich. Ich finde das Geisterleben fantastisch.« Er grinste. »Außerdem macht man als Geist immer mächtig Eindruck und kriegt alles, was man will. Gerade vorige Woche habe ich dieses wundervolle Schiff gegen meine alte Berta getauscht. Ist das nicht fabelhaft?«

Die Piraten nickten verblüfft. Das war wirklich fabelhaft!

Plötzlich machte der Geisterkapitän einen raschen Schritt vorwärts, zog seinen Säbel und deutete damit über Bord. »Aber vielleicht möchte ja einer von euch die Planke wählen, um ein ebenso fantastisches Leben zu führen wie ich?« Eilig schüttelten die Piraten die Köpfe. Nein, das nun doch nicht!

Der Geisterkapitän dachte nach. »Aber was könntet ihr mir dann geben? Ein Schiff habe ich, dessen Bauch voller Gold ist. Sonst brauche ich nichts. Außer vielleicht ein bisschen Spaß. Vermutlich habe ich Spaß, wenn ich euch auf die Planke jage und so erschrecke, dass ihr hinunterfallt. Also vielleicht doch …«

Holzheini klopfte hart mit seinem Holzbein auf das Deck. »Stopp«, sagte er laut. »Ich wüsste da etwas.«

Der Geisterkapitän hob neugierig eine Augenbraue.

Holzheini räusperte sich. »Soweit ich weiß, können Geister immer noch riechen, richtig?«, fragte er.

Misstrauisch nickte der Geisterkapitän.

»Wir wäre es, wenn wir Euch mal wieder den Duft würziger Bratkartoffeln um die Geisternase wehen lassen?«, fragte Holzheini lächelnd.

Der Geisterkapitän richtete sich auf. »Bratkartoffeln?«, fragte er und schnüffelte gleich ein bisschen in der Luft herum.

»Bratkartoffeln mit Speck und Zwiebeln«, versprach Holzheini. »Danach kräftigen Kaffee und Schokoladenkuchen.«

8 Minuten

Der Geisterkapitän leckte sich mit der Zunge über die Lippen. »Ich liebe Kaffee und Schokoladenkuchen… Einverstanden. Jawohl, einverstanden. Los, los, worauf wartet ihr?«
Die Mannschaft stolperte los. Sogleich wurden emsig Kartoffeln geschält und Zwiebeln geschnitten, Kaffee gemahlen und Teig gerührt. Schon nach kurzer Zeit zog ein verführerischer Duft durch die Luft.
»Mmh«, seufzte der Geisterkapitän. »Ahh, ja, so war das damals… oooh, hmmm …«
Er schloss die Augen, schmatzte ein wenig, seufzte viel und lehnte sich behaglich zurück. So ging es eine ganze Weile.

Dann befahl er: »Und jetzt essen, bitte. Es wäre ja eine Schande, wenn dieser gute Duft ungenutzt bliebe… Aber du …«, er zeigte auf Mattis, »… du kommst mit.«

Mattis riss die Augen auf. Alle anderen Piraten erstarrten. Was wollte der Geist nur von Mattis?

Zitternd folgte Mattis dem Geisterkapitän unter Deck. Es rumpelte zweimal, dann noch einmal. Was machte der Geist nur mit dem armen Mattis?

Doch nach einer Weile kam Mattis zurück an Deck geklettert. Er strahlte über das ganze Gesicht. Hinter sich her schleppte er einen dicken und offenbar sehr schweren Sack. Die anderen halfen ihm, den Sack aufs Piratenschiff hinüberzuwuchten.

»Ein Sack voller Gold. Das ist der Lohn dafür, dass ihr euch bemüht habt, einen alten Geist glücklich zu machen«, rief der Geisterkapitän. Dann reckte er seinen Kopf, und wie von Geisterhand lösten sich die Taue und Haken von der Reling. Wind kam auf, und das Königsschiff segelte lautlos davon. Nach kurzer Zeit verschwand es in einer dichten Wand aus Nebel.

Die Piraten wagten nicht, sich zu bewegen.

Schließlich räusperte Holzheini sich. »Na, das war mal gruselig, wie?«

Befreit lachten alle auf. Sie grölten und jauchzten und schlugen Holzheini begeistert auf den Rücken.

»Holzheini, du alter Hecht. Du hast uns gerettet!«, rief Kapitän Flick.

Nach einer Weile waren sich alle einig, dass der Sack voller Gold allein Holzheini zustehen sollte.
Holzheini stand auf und schritt zur Reling.
Alle Piraten dachten, er wäre ganz gerührt und würde überlegen, wie er sein Leben an Land im Luxus verbringen wollte.
Aber Holzheini beugte sich nur vor und spuckte die Brat-

kartoffeln ins Meer. Ihm war wie immer übel geworden. Danach drehte er sich um und lachte.

»Ihr denkt, ich gehe an Land? Niemals. Ich bin doch keine Landratte. Dann würden die Fische ja nie wieder Bratkartoffeln kriegen!«

Die Piraten jubelten so laut, dass es weithin übers Meer schallte.

Holzheini teilte seinen Goldschatz mit der Mannschaft, und die Mannschaft teilte ihre Bratkartoffeln mit Holzheini, und es wurde ein wunderschöner Abend irgendwo weit draußen auf dem Meer.

Marie, die erste Rittersfrau

8 Minuten

Mitten in einer mittelalterlichen Stadt lebte das kleine Mädchen Marie. Ihr großer Traum war es, die erste Rittersfrau des Landes zu werden. Das war im Mittelalter jedoch absolut undenkbar. Nur Männer konnten Ritter werden. So war es, und so sollte es auch bleiben.

Doch Marie gab nicht so rasch auf. Sie lernte heimlich lesen und schreiben und sandte einen Brief an ihren Onkel, der Bäcker auf der Burg von Ritter Benedikt war.

Der Onkel konnte leider nicht lesen, deshalb bat er den Ritter, ihm den Brief vorzulesen. Ritter Benedikt tat es gern. Als er fertig war, lachte er.

»Das ist ja ein tolles Mädchen. Zu gern würde ich sie als Pagen anstellen, aber so etwas wird der König kaum erlauben. Komm, wir schreiben ihr gemeinsam einen netten Brief zurück.«

8 Minuten

Marie war nicht sehr enttäuscht über das Nein. Denn jetzt brauchte sie ja nur noch die Erlaubnis des Königs. Also schrieb sie auch dem König einen Brief. Dieser allerdings blieb unbeantwortet.
»Sei nicht traurig. Für solche Briefe hat der König einfach keine Zeit«, meinte ihr Vater.
Bald darauf eilte eine Nachricht durch die Gassen: Angeblich hatte der König vor Jahren einen wertvollen Schatz in einer Höhle versteckt, die gleich im Wald hinter der Stadt lag! Jetzt würde er kommen, um ihn zu holen. Er forderte die mutigsten Männer der Stadt auf, zur Höhle zu kommen, um ihm zu helfen.
»Männer? Pah, warum holt er nicht auch Frauen?«, schimpfte Marie. »Und wozu braucht er überhaupt mutige Männer? Es ist doch kein Mut erforderlich, um einen Schatz aus einer Höhle zu tragen.«
Sein Vater beugte sich vor. »Es liegt ein Fluch über der Höhle«, flüsterte er. »Wer hineingeht, kehrt bald wieder um – und ist von da an ein ängstlicher Mann.«
Marie zuckte mit den Schultern. »Ach was, solche Spukgeschichten glaube ich nicht.«
Sie war wirklich ein sehr mutiges Mädchen.
Als sich die Stadtbewohner

vor der Höhle versammelten, war natürlich auch Marie dabei. Sie stand ganz vorn, in der ersten Reihe. Die Stadtbewohner jubelten ihrem König zu, als er aus der Kutsche stieg.

»Meine lieben Untertanen«, sagte er feierlich. »In dieser Höhle habe ich vor Jahren einen goldenen Kelch vor meinen Feinden versteckt. Nun möchte ich ihn wieder hervorholen, jedoch scheitern all meine Soldaten an dieser Aufgabe. Inzwischen scheint sich ein Geist der Höhle bemächtigt zu haben, der jeden Besucher das Grausen lehrt. Also brauchen wir einen sehr mutigen Mann, der es wagt, für mich hineinzugehen. Wer mir den Kelch bringt, hat als Belohnung einen Wunsch frei.«

Schon ging der tapfere Schmied in die Höhle. Er schob sich durch den Felsspalt. Dann war es still. Bis ein Schrei ertönte, der lauter und lauter wurde. Schließlich zwängte sich der Schmied wieder durch den Spalt hinaus und rannte schreiend weiter – einfach durch den Wald davon.

Die Stadtbewohner staunten und raunten leise. Damit hatte keiner von ihnen gerechnet.

Der Nächste war der mutige Schuster. Auch er schob sich in die Höhle. Dann war es still – bis wiederum ein Schrei erklang, der immer lauter wurde. Schon kam der Schuster heraus und fiel ohnmächtig zu Boden.

»Du meine Güte«, stöhnten die Bewohner.

Und plötzlich wollte niemand mehr in die Höhle gehen.

Da ging Marie auf den Felsspalt zu.

»Marie!«, brüllte ihr Vater.

Aber Marie hatte sich schon eine Fackel gegriffen und war in die Höhle geschlüpft.

Draußen hörte sie ihre Mutter laut rufen, aber hier zwischen den Felsen war es ruhig. Nach einem schmalen Gang gelangte sie zu einer Hängebrücke, die über eine tiefe Schlucht führte. Marie fand so eine Brücke viel gruseliger als alle Geister der Welt, aber sie ging tapfer hinüber. Nun

wurde es recht dunkel. Zum Glück hatte Marie die Fackel dabei.

Als sie um die nächste Ecke bog, ertönte auf einmal ein Wimmern. Erst leise, dann immer lauter. Zunächst war es eher ein trauriges Seufzen, dann ein ächzendes Jammern und schließlich ein bedrohliches Stöhnen. Es war wirklich gruselig, aber Marie hatte sich kleine Wachskugeln in die Ohren gesteckt und hörte das Wimmern und Stöhnen nur sehr leise. Sie ging weiter.

Plötzlich gab etwas unter ihrem Fuß nach, und ihr fiel von oben ein Gerippe vor das Gesicht. Es prallte gegen Marie. Sie erschrak fürchterlich und wollte davonrennen, aber sie stolperte und fiel hin. Als sie sich nach dem Skelett umdrehte, lag es auf dem Boden. Marie musste lachen.

»Ach, vor so ein paar alten Knochen habe ich mich gefürchtet?«, rief sie laut. »Jetzt ist es aber genug.«

Sie entdeckte noch mehr Stolperfallen auf dem Boden. Aber Marie war schlau und lief auf den seitlichen Felsen weiter.

Nach einer Weile gelangte sie tatsächlich an das Ende des langen Gangs und stand vor einem Berg aus Steinen. Hier ging es offenbar nicht weiter. Doch dann entdeckte sie einen Haufen Zweige, und als sie ihn zur Seite schob – wurde es hell! Nicht sehr, aber hell genug, dass Marie die glitzernden Steine in den Wänden einer großen Höhle sehen konnte …
»Diamanten!«, rief Marie staunend und kroch durch das Loch in eine riesige Höhle.
»Ja, Diamanten«, sagte eine Stimme, und eine alte Frau trat hinter einem der Felsen hervor.
»Sie sind die Kräuterfrau«, sagte Marie überrascht. Die Kräuterfrau war vor einem Jahr aus der Stadt weggezogen in die Berge.
Die Frau lächelte. »Ja, das bin ich. Ich wohne jetzt oben auf dem Berg. Es ist wunderschön, weißt du …«
Marie runzelte die Stirn. »Aber warum verscheuchst du jeden, der hereinkommen will?«, fragte sie. »Hier gibt es doch genug Diamanten für die ganze Stadt!«

Die alte Frau sah Marie bekümmert an. »Es geht mir doch nicht um die Diamanten. Nein, sieh einmal ganz genau hin.«

Marie bemühte sich, die Wände anzuschauen, aber es war recht finster in der Höhle. »Ich sehe nichts«, sagte sie. »Nur viele dunkle Spalten.«

»Genau«, sagte die Frau. »In all diesen Spalten schlafen gerade Tausende Fledermäuse. Wenn es dunkel wird, fliegen sie genau über meiner Hütte in die Nacht hinaus. Sie sind

wie kleine Freunde für mich. Ich würde alles tun, um sie zu beschützen.«

Jetzt verstand Marie. Wenn die Stadtbewohner von den Diamanten wüssten, würden sie sofort alle herausschlagen und damit die Fledermäuse womöglich für immer vertreiben.

Da fiel ihr der Kelch ein.

»Hast du einmal einen goldenen Kelch gefunden?«, fragte sie neugierig.

»Diesen?«, fragte die Kräuterfrau und nahm einen Schluck Wasser aus einem goldenen Trinkgefäß.

Marie lachte. »Genau den. Wenn du mir diesen Kelch mitgibst, werden dich die Stadtbewohner in Ruhe lassen.«

Erstaunt, aber glücklich über diese Nachricht reichte die alte Kräuterfrau Marie den Kelch. »Er stand vor dem großen Felshaufen, durch den du gerade gekrochen bist«, sagte sie. »Offenbar ist noch niemand zuvor bis hierher vorgedrungen. Bitte, verrate es nun auch nicht«, bat sie dann leise.

Marie schüttelte den Kopf. »Gewiss nicht«, flüsterte sie.

Dann verabschiedete sie sich und lief mit dem Kelch durch die engen Gänge und über die Hängebrücke zurück. Als sie sich durch den schmalen Felsspalt drängte, jubelten alle ungläubig.

»Du bist das mutigste Mädchen auf der Welt«, beteuerte ihr Vater. Und ihre Mutter schloss sie heftig in die Arme.

»Das finde ich auch«, sagte der König.

Marie überreichte ihm den goldenen Kelch.

8 Minuten

»Danke, Marie«, sagte er überrascht. »Was möchtest du nun als Lohn für deine Mühen?«

Marie musste nicht lang überlegen. »Ich möchte auf der Burg des Ritters Benedikt Page werden und später eine geachtete Rittersfrau. Aber das ist nur möglich, wenn Ihr es erlaubt, Eure Majestät.«

Nun war der König schon wieder überrascht. Aber dann lächelte er. »Ich erinnere mich an deinen Brief«, sagte er. »Ich dachte, das seien nur hübsche Träume eines kleinen Mädchens. Aber nun, wo ich deine Tapferkeit bewundern konnte, verstehe ich deinen Wunsch. Und ich gestatte dir ausdrücklich, Rittersfrau zu werden.«

Das wurde ein Fest in dem kleinen Städtchen! Die Stadtbewohner feierten und jubelten drei Tage und drei Nächte mit Marie. Dann brachten sie ihre mutigste Bewohnerin in einem großen Wanderzug bis zu Ritter Benedikts Burg. Dort wurde Marie zunächst Page, dann Knappe und schließlich Rittersfrau. Die erste Rittersfrau der Welt.

Die Legende vom goldenen Schiff

8 Minuten

Mitten zwischen zwei Kontinenten, auf dem weiten, gefährlichen Meer, segelte ein stolzes Königsschiff durch die Fluten. An Deck saßen neunzehn Mann im Kreis und lauschten den Seemanns-Geschichten des alten Seebären Piet.

»Und jeder, der die Planken des goldenen Schiffes jemals betreten hat …«, hier senkte der alte Piet seine Stimme, »musste es bitter bereuen.«

Janok lief ein kalter Schauer über den Rücken. Die Geschichten vom alten Piet waren wirklich zu gruselig.

»Und das Schiff war ehrlich überall golden?«, fragte er leise.

»Nein«, brummte Piet. »Es war sogar ganz und gar *aus* purem Gold.«

Kapitän Hinnerk stand lachend auf. »Du knochiger Seemannsgarn-Papagei«, sagte er zu Piet. Dann klopfte er ihm auf den Rücken. »Ich glaube kein Wort deiner Geschichte. Aber die dunklen Sorgen hast du uns einen Moment lang vertrieben. Danke, alter Knabe.«

Denn Sorgen hatte die Mannschaft des Königs in der Tat. Seit Wochen schon segelten sie auf möglichst unbefahrenen Routen durch die Meere, in der Hoffnung, keinem Piratenschiff zu begegnen. Sie hatten nämlich einen Schatz gefunden, einen riesigen alten Goldschatz. Vierzig Kisten voller glänzender Goldtaler ruhten tief unten im Bauch des

8 Minuten

Schiffes. Und Piraten konnten Schätze auf hundert Kilometer riechen, das wusste Janok.

»Schiff backbord voraus!«, schrie Pelle vom Ausguck. Seine Stimme überschlug sich vor Aufregung.

»Eine kleine Schaluppe«, murmelte der Kapitän. »Zu schnell, um vor ihr flüchten zu können. Aber wir könnten sie besiegen. Ich sehe keine Kanonenklappen. Also nur Mann gegen Mann.«

Er sah seine Mannschaft an. »Wässert die Segel. Jeder an seinen Posten«, gab er das Kommando.

Janok wusste, was zu tun war. Gemeinsam mit den anderen füllte er jeden Eimer an Bord mit Wasser. Zuerst machten sie damit die Segel nass, sodass die Piraten sie nicht mit Feuerpfeilen in Brand setzen konnten. Dann stellten sie weitere Eimer auf, um mögliche Brände sofort löschen zu können. Anschließend reihten sie sich bis an die Zähne bewaffnet an der Reling auf.

»Angriffstaktik«, befahl Kapitän Hinnerk.

Das bedeutete, sie würden so tun, als wollten sie die Piraten ausrauben und nicht umgekehrt. Janoks Herz klopfte ihm bis zum Hals. Ach, wie schön war es gewesen, nachts in die Sterne zu schauen und von dem vielen Gold zu träumen, das er als Belohnung kriegen würde. Doch jetzt sah es gar nicht gut für ihn aus …

Die Schaluppe kam näher. Finster dreinblickende Kerle starrten sie kampflustig an. Aber es waren nicht viele. Elf konnte Janok zählen. Sie selbst waren zwanzig. Doch das musste nichts heißen, Piraten waren wild und zäh.

»Ihr seht nach reichlich Gold aus, werte Herren!«, brüllte der Piratenkapitän herüber.

Kapitän Hinnerk grinste. »Leider nein. Aber auf Piratenschiffen haben wir bisher noch immer was Gutes gefunden.« Der Pirat lachte. »Ihr Waschlappen! Gebt ihr uns euer Gold freiwillig? Lasst uns einfach die Schiffe tauschen, dann lassen wir euch davonsegeln, hahaha!«

8 Minuten

8 Minuten

»Niemals«, rief Kapitän Hinnerk. »Wir sind so viele, da reicht euer Schiff nicht aus!«

Aber diese Drohung schüchterte die Piraten nicht ein.

Schon schleuderten sie ihre Enterhaken. Rauchbomben wurden in beide Richtungen geworfen, es krachte und knallte. Janok konnte durch den dicken Rauch kaum noch etwas sehen.

Die ersten Piraten schwangen sich rüber auf das Königsschiff, und der Kampf begann. Säbel klirrte gegen Säbel, Holz splitterte, die Männer brüllten wütend. Jemand fiel ins Wasser.

Janok kämpfte, so gut er konnte. Schließlich gelang es ihm, seinen Angreifer über Bord zu stoßen. Es platschte wieder. Janok sah sich hektisch um. Wo war der nächste Kämpfer? Doch es war niemand mehr da. Allmählich wurde es ruhiger. Der Rauch verzog sich. Die Piraten-Schaluppe entfernte sich vom Königsschiff.

»Wir haben sie besiegt!«, schrie Janok glücklich.

Er konnte sehen, wie zwei Piraten neben der Schaluppe im

Wasser schwammen und sich mühsam an Seilen emporziehen mussten. Janok grinste. Sie hatten die Piraten in die Flucht geschlagen!
Er drehte sich um. Oje. Seine Mannschaft hatte zwar den Sieg davongetragen, aber zu welchem Preis! Der alte Piet hielt sich den Kopf, er war gegen den Mast geprallt. Zwei weitere Männer hatten Wunden an Armen und Beinen. Außerdem war die Reling zerstört, und zwei Segel hingen in Fetzen. Die Männer stöhnten.
»Noch einen Kampf stehen wir nicht so gut durch«, sagte Kapitän Hinnerk besorgt.
Janok nickte. Pelle kletterte sofort wieder in den Ausguck, um nach neuen Angreifern zu spähen. Janok stützte die Verletzten und brachte sie unter Deck. Dann begann er, die Segel zu flicken. Die Reling wurde repariert, so gut es ging.
Als es dunkel wurde, saß die Mannschaft wieder im Kreis an Deck. Nur die zwei verletzten Männer schliefen.
»Pelle, ist es hell genug?«, rief Kapitän Hinnerk zum Ausguck hoch.
»Jau«, antwortete Pelle. »Sternklar und Halbmond. Ich seh alles.«

Kapitän Hinnerk blickte seine Männer sorgenvoll an. »Das war ein guter Kampf. Ihr habt die wilden Piraten besiegt, das kann nicht jeder von sich behaupten. Dennoch haben wir zwei weitere Wochen Fahrt vor uns. Es wird noch mehr Piratenschiffe geben. Manchen können wir davonsegeln, aber den kleinen Schiffen können wir nicht entkommen.«
Alle nickten stumm. Jeder wusste, was das bedeutete. Zwei verletzte Männer, die anderen vom Kämpfen schlapp – der nächste oder übernächste Angriff würde gefährlich werden. Lange saßen sie so da.
Bis irgendwann eine Idee in Janoks Kopf auftauchte. Erst klein, doch dann wurde sie immer größer. »Ich glaube, mir fällt gerade etwas ein«, murmelte er.

Die anderen Männer hielten den Atem an. Janok war zwar der Jüngste an Bord, aber seine Ideen waren stets unglaublich clever. Als Janok zu grinsen begann, atmeten alle erleichtert aus. Er hatte eine Lösung!
»Kalle, haben wir noch dieses Leimfass an Bord, das versehentlich mit eingeladen wurde?«, fragte Janok.
Kalle grinste schief. Irgendein Depp hatte statt eines Wasserfasses ein Fass voller Leim aufs Schiff geladen.
»Steht unten in der Ecke«, sagte er.
Janok nickte zufrieden. Dann erklärte er den anderen ausführlich seinen Plan. Lachend standen sie anschließend auf und begannen mit der Arbeit. Dieser Janok war ein Teufelskerl!

8 Minuten

In jener Nacht ging es emsig zu auf dem großen Königsschiff. Alle mussten ran. Sie rannten hin und her, kletterten die Masten hoch und wieder herunter. Sie seilten sich an den Schiffswänden bis zum Wasser ab und wurden wieder hinaufgezogen. Eifrig werkelte und pinselte die Mannschaft, bis die ersten Sonnenstrahlen am Horizont auftauchten.
In diesem Augenblick rief Pelle von oben: »Piratenschiff achtern!«
Die Mannschaft versammelte sich am Schiffsheck. Sollten sie nun ihre Waffen holen oder nicht? Würde Janoks Plan gelingen? Gebannt blickten sie über das Meer.
Das Piratenschiff näherte sich rasch. In weniger als einer halben Stunde würde es sie eingeholt haben. Doch plötzlich kam die Sonne mit aller Macht hervor und strahlte das große Königsschiff an.
Und tatsächlich! Das Piratenschiff schien langsamer zu werden. Nein, es drehte bei, ja, es wendete und segelte davon! »Juchhu!«, jubelten die Männer. Sie schnappten sich Janok und trugen ihn auf ihren Schultern zum Kapitän.
Kapitän Hinnerk legte ihm die Hand auf die Schulter. »Im Namen des Königs, ich danke dir. Du wirst sicher einen Orden bekommen.« Janok freute sich über das dicke Lob.
Stolz betrachteten alle das Wunderwerk: Nach Janoks Idee hatten sie in der Nacht das gesamte Schiff eingeleimt und mit Goldmünzen beklebt – davon hatten sie ja genug. Sogar die Masten und die Segel waren mit Münzen beklebt. Nun strahlte das Schiff über und über golden – genau wie jenes

Unglück bringende goldene Schiff aus der alten Legende, die jeder Seemann kennt.

»Kein Pirat wird sich je wieder in unsere Nähe trauen«, kicherte Janok. »Wir können in aller Seelenruhe zum Hafen segeln.« Er legte einen Arm um den alten Piet. »Wie gut, dass du so ein oller Seemannsgarn-Papagei bist!«

Zur Belohnung bekam der alte Piet den größten Teller Erbsensuppe – allerdings erst am Abend, denn nun fielen alle Männer auf die Planken und schnarchten, dass das Gold wackelte. Aufpassen mussten sie schließlich nicht mehr, denn sie waren nun die Mannschaft des legendären Schiffs aus purem Gold!

8 Minuten

Michel und die Gespensterrettung

Mitten in der mittelalterlichen Burg langweilte Michel sich. Die Burgbesichtigung war für Kinder überhaupt nicht spannend. Der Museumsführer erzählte die ganze Zeit Geschichten von alten Teppichen, die Michel nicht verstand. Schrecklich! Gähnend schlenderte er hinter der Gruppe her. »Hier sehen Sie das Himmelbett aus dem 17. Jahrhundert«, sagte der Museumsführer. »Wie Sie bemerken, werden gerade einige Wände erneuert. Daher liegen hier alte Steine und Werkzeuge herum, ich bitte, dies zu entschuldigen.« Bla, bla, bla, dachte Michel gelangweilt.

Da bemerkte er plötzlich eine Bewegung am Vorhang. Nanu? Spielte da vielleicht ein anderes Kind Verstecken, weil es sich auch so mopste? Vorsichtig linste Michel hinter den Vorhang. Dort hockte tatsächlich jemand. Aber ein Kind war es nicht.

»Ein Gespenst«, hauchte Michel leise.

Das Gespenst grinste und legte den Finger an die Lippen. Michel nickte aufgeregt. Das Gespenst bedeutete ihm, dass er sich auch hinterm Vorhang verstecken sollte.

Michel sah sich verstohlen um, und als gerade keiner rüberschaute, huschte er hinter den schweren Samtstoff.
»Hihi«, kicherte das Gespenst. »Ich bin Gigi. Willst du mal meinen Gespensterkeller sehen?«
Natürlich wollte Michel das!
Gigi öffnete eine Klappe in der Wand, die Michel von selbst nie gesehen hätte. Dann hüpfte das Gespenst hinein und verschwand.
Michel zögerte kurz, dann stieg er umständlich hinein – und sauste ab. Es war eine Rutsche!
»Huuuuuuhuhu!«, juchzte Gigi.
»Aaaah«, quiekte Michel.
Dann landeten sie – RUMS – auf dem harten Kellerboden.
»Autsch!«, rief Michel und rieb sich seinen Po.
Gigi kicherte. Als Michel aufsah, erschrak er ein wenig: Neben Gigi schwebten noch weitere Gespenster – mindestens zehn! Sie waren groß und klein, dick und dünn – und ganz unterschiedlich weiß. Gigi zum Beispiel war weißweiß, aber ein dünnes, großes Gespenst war eher bläulichweiß.
»Das ist mein Papa«, stellte Gigi ihn vor. »Und das hier sind Mama und meine Schwester Gaga!« Er zeigte auf ein golden schimmerndes Gespenst und auf ein sehr kleines rosaweißes.
Das Geisterkind schwebte auf Michel zu. »Gaga!«, sagte es. Dabei fiel ihm beinahe der Schnuller aus dem Mund.
»Den Schnuller hat mal ein Menschenkind in der Burg verloren. Seitdem lutscht sie drauf herum«, erklärte Gigi.

8 Minuten

Michel grinste. »Bei meiner kleinen Schwester ist das genauso«, sagte er.
Dann führte Gigi Michel herum. Es gab einen großen Raum und viele kleine mit Gängen dazwischen. Sogar einen Raum mit vergitterter Tür entdeckte Michel. Das war bestimmt mal ein Kerker gewesen.
»Warum sehen sich das hier keine Besucher an?«, fragte Michel erstaunt. Das war doch viel spannender als die blöden Himmelbetten da oben!
Die Gespenster sahen plötzlich traurig aus.
»Vor vielen Hundert Jahren wurde die Burg angegriffen und vieles zerstört«, erzählte Gigi. »Als die Burg Jahre später wieder aufgebaut wurde, übersahen die Menschen den Keller, weil der Zugang von Geröll verschüttet war. Vor Kurzem aber hat jemand das Geröll aufgeräumt und durch ein Loch den Gang dahinter entdeckt.«
»Ja, und?«, fragte Michel verständnislos.
»Gaga«, machte Gaga und sah ihn empört an.
Gigi strich ihr über den rosaweißen Kopf. »Wenn sie die Keller hinter dem Gang entdecken,

werden sie hier überall herumwandern, und wir haben kein Versteck mehr«, sagte er bedrückt. »Dann müssen wir uns in Gemälden und Wänden verbergen – das ist nicht so gemütlich wie hier …«

Ach, jetzt verstand Michel! »Das tut mir leid«, sagte er. Auch er hatte vor einem Jahr umziehen müssen, weil mit dem neuen Baby die alte Wohnung zu klein geworden war. Das war schwierig genug gewesen. Aber immerhin war sein neues Zuhause größer geworden – wie schrecklich, wenn man sich zwischen alte Gemälde und eine kalte Burgmauer quetschen musste!

8 Minuten

Michel überlegte. »Da muss man doch irgendetwas tun können«, murmelte er. Er betrachtete die Gespenster. »Habt ihr es schon mit Spuken versucht?«, fragte er.
Nun lachten die Gespenster. Sie kringelten sich, dass ihre weißen Kleider Knoten schlugen.

»Was hab ich denn Lustiges gesagt?«, wunderte sich Michel. »Spuken ist out«, sagte Gigi. »Die Hälfte von den Geistern, die du hier siehst, hat auf anderen Burgen gespukt. Aber heutzutage fürchten sich die Menschen nur kurz, wenn sie etwas nicht verstehen. Dann schicken sie Wissenschaftler, die so lange herumschnüffeln, bis sie etwas entdecken. Deshalb mussten die Gespenster zu uns flüchten.«
Michel rauchte der Kopf. Das war alles ganz schön kompliziert!

8 Minuten

Gigi griff nach Michels Hand und zog ihn mit sich. Verblüfft starrte Michel auf seine eigenen Füße, die nicht mehr den Boden berührten – er schwebte! Gigi flog mit ihm durch einen langen Gang und zeigte dann auf einen Haufen alter Steine, in deren Mitte ein handgroßes Loch prangte. Als Michel vorsichtig hindurchspähte, sah er auf der anderen Seite lauter Werkzeuge und Kisten.

»Sie arbeiten nur daran, wenn die Besucher weg sind«, flüsterte Gigi. »Ich denke, morgen Nacht wird es ihnen gelingen, hindurchzusteigen.«

Michel nickte. Es war wirklich eilig. Nachdenklich wanderte er den Gang entlang. Plötzlich stolperte er über etwas. Es klirrte. Er hatte eine alte, verstaubte Weinflasche zur Seite gekickt.

Da hatte Michel eine Idee. »Da waren doch Regale mit alten Flaschen, richtig?«, fragte er Gigi.

Das Gespenst nickte. »Holt die mal her, bitte. Mit den Flaschen!«, rief Michel aufgeregt.

Mit viel Gelächter und Getöse schleppten die Gespenster Regale und Flaschen herbei. Michel runzelte die Stirn. Dass Geister so viel Lärm machen konnten!

Er half ihnen, die Regale in dem engen, langen Gang hinter dem Kellereingang aufzustellen. Die Flaschen wurden alle wieder hineingelegt. Dann drehten die Gespenster sich wild umeinander, als ob sie tanzen würden. Und schon war überall auf den Flaschen wieder uralter Staub verteilt.

»Aber es wird sie nur kurze Zeit zurückhalten, wenn sie den Wein finden und ausräumen«, sagte Gigi skeptisch.

Michel lachte. »Ja, das ist richtig. Aber wenn wir den Gang am Ende einfach zumauern, werden sie denken, es gäbe nur diesen einzigen langen Weinkeller. Und dann suchen sie nicht weiter.«

Gigi legte den Kopf schief. Die Idee schien ihm zu gefallen. »Aber eine frisch gebaute Mauer sieht verdächtig aus«, meinte er.

»Ja, deshalb müssen wir davor noch ein Regal stellen und schön viel Staub verteilen«, erklärte Michel.

Gigi grinste. »Staub verteilen können wir gut«, meinte er. »Aber wie sollen wir eine Wand mauern?«

Daran hatte Michel nicht gedacht. Dann aber hatte er einen Einfall. Er scheuchte die Gespenster die lange Rutsche hinauf. Dort sollten sie die Steine mopsen, mit denen die Wände neu gemauert werden sollten. Es dauerte nicht lange, und die Steine polterten die Rutsche hinunter. Als Letztes kam Gigi durch das Rutschloch – mit zwei Eimern in der Hand. »Ich hab auch Mörtel geklaut«, sagte er grinsend.

Dann mauerten und bauten die Gespenster in Windeseile eine Mauer. Gigi brachte rasch die leeren Eimer wieder nach oben. »Die werden sich wundern«, kicherte er.

8 Minuten

»So, jetzt seid ihr sicher«, versprach Michel. »Und ich muss leider gehen, sonst fahren meine Eltern noch ohne mich ab.«

Gigi schob schmollend seine Unterlippe vor. »Kommst du denn wieder?«

Erst als Michel dies fest versprochen hatte, fasste Gigi ihn an der Hand und flog mit ihm die Rutsche hinauf bis hinter den Vorhang. »Auf Wiedersehen und danke!«, flüsterte er – und verschwand.

Michel linste ins Zimmer und trat rasch hinter dem Vorhang hervor.

Im nächsten Moment legte jemand die Hand auf seine Schulter. »Bist du Michel?«

Michel nickte.

»Meine Güte, deine Eltern suchen dich seit zwei Stunden«, stöhnte der junge Mann hinter ihm und nahm ihn mit in den Burghof. Michel lächelte.

Draußen rannte seine Mama auf ihn zu. »Michel, wo warst du nur?«

»Ich, äh, bin eingeschlafen«, erklärte er. »Hinter einem Vorhang.«

Kopfschüttelnd umarmten seine Eltern ihn.

»Dann hast du dich wohl sehr gelangweilt?«, meinte sein Papa. »Wir unternehmen nächstes Mal wohl besser etwas anderes.«

»Nein, bitte nicht«, rief Michel. »Ich hab doch alles verschlafen und muss bald wiederkommen, um noch mehr zu sehen.«

Seine Eltern nickten lächelnd. Sie waren ja froh, ihren Sohn wiedergefunden zu haben.

Und Michel zwinkerte den beiden glänzenden schwarzen Augen zu, die ihn aus einem Mauerspalt heraus freundlich ansahen.

»Bis bald«, flüsterte er.

Sandra Grimm wohnt mit ihrem Mann und ihren Kindern in Norddeutschland. Sie schreibt seit vielen Jahren Bücher für kleine und größere Leser. Am liebsten sitzt sie in ihrer gemütlichen Butze unterm Dach und schreibt und schreibt und schreibt …

Barbara Korthues, 1971 geboren, studierte Visuelle Kommunikation in Münster. Seit 1996 lebt und arbeitet sie als freie Illustratorin in Stuttgart und hat bereits zahlreiche Kinderbücher illustriert.

Welche Geschichte darf es heute sein?

Je nachdem, wie viel Zeit Ihre Kleinen beim Zähneputzen vertrödelt haben oder wie müde sie schon sind, können Sie hier zwischen drei Textlängen wählen. In den abwechslungsreichen Geschichten geben sich Hexen, Zauberer, Piraten, Prinzessinnen, Tiere und jede Menge Kinder ein buntes Schlafdichein.

Auf in fantastische Abenteuer! Die Eltern wählen zwischen Geschichten mit drei, fünf und acht Minuten, und schon kann es losgehen: Majas Bild von einer hellblau funkelnden Fee erwacht zum Leben. Aus Omas Wunderlampe regnet es Brausestäbchen. Und Ritter Rufo fängt mit ein paar Eiern einen Drachen.

Maren von Klitzing · Stèffie Becker
Drei-Fünf-Acht-Minutengeschichten zum Kuscheln und Träumen
Ab 3 Jahren · 144 Seiten · ISBN 978-3-7707-2919-7

Sandra Grimm · Barbara Korthues
Drei-Fünf-Acht-Minutengeschichten für kleine Abenteurer
Ab 3 Jahren · 144 Seiten · ISBN 978-3-7707-2644-8

Weitere Informationen unter www.ellermann.de